现代化之问

张占斌 —— 主编

·北京·
中央党校出版集团
国家行政学院出版社
NATIONAL ACADEMY OF GOVERNANCE PRESS

图书在版编目（CIP）数据

现代化之问 / 张占斌主编 .—北京：国家行政学院出版社，2023.6
ISBN 978-7-5150-2787-6

Ⅰ.①现… Ⅱ.①张… Ⅲ.①现代化建设—研究—中国 Ⅳ.① D61

中国国家版本馆 CIP 数据核字（2023）第 105991 号

书　　名	现代化之问 XIANDAIHUA ZHI WEN
作　　者	张占斌　主编
责任编辑	刘韫劼
出版发行	国家行政学院出版社 （北京市海淀区长春桥路 6 号　100089）
综 合 办	（010）68928887
发 行 部	（010）68928866
经　　销	新华书店
印　　刷	北京盛通印刷股份有限公司
版　　次	2023 年 6 月第 1 版
印　　次	2023 年 6 月第 1 次印刷
开　　本	170 毫米 ×240 毫米　16 开
印　　张	13
字　　数	138 千字
定　　价	48.00 元

本书如有印装质量问题，可随时调换，联系电话：（010）68929022

前 言
PREFACE

2023年3月15日，习近平在中国共产党与世界政党高层对话会上发表题为《携手同行现代化之路》的主旨讲话，深刻指出在人类社会现代化进程又一次来到历史的十字路口的当今世界，政党作为引领和推动现代化进程的重要力量，有责任对一系列"现代化之问"作出回答。

从历史之问看，我们究竟需要什么样的现代化？ 近代以来，中国走向现代化的历史进程始于已经实现现代化的资本主义国家的外部入侵，从而经历了从被动卷入现代化进程到主动探索现代化出路，再到主动选择社会主义现代化道路，乃至开创中国式现代化的历史转变过程。中国共产党100多年团结带领中国人民追求民族复兴的历史，也是一部不断探索现代化道路的历史。中国式现代化展现出"以人民为中心"的现代化根本逻辑、"全面协调"的现代化发展逻辑、"共谋合作共赢"的现代化对外逻辑，拓展了发展中国家走向现代化的途径，为人类对更好社会制度的探索提供了中国方案。

从时代之问看，政党应该如何引领和推动现代化？ 政党是

国家现代化进程的主导型政治力量,是人类社会现代化的建设者、引导者、推动者。中国共产党党员人数接近一亿人,是世界最大的政党。作为马克思主义执政党,中国共产党始终将建设社会主义现代化强国、实现中华民族伟大复兴作为历史使命,坚守人民至上理念、秉持独立自主原则、树立守正创新意识、弘扬立己达人精神、保持奋发有为姿态,团结带领亿万中国人民迈向实现中国式现代化的新征程。

从理论之问看,为什么说中国式现代化创造了人类文明新形态? 中国式现代化使古老的中华文明焕发新生,实现了科学社会主义原则的创造性运用和发展,扬弃了传统社会主义现代化建设模式,终结了"现代化=西方化"的迷思。中国式现代化深深植根于中华优秀传统文化,体现了科学社会主义的先进本质,代表着人类文明进步的发展方向,展现了不同于西方现代化模式的新图景,是一种全新的人类文明形态。

从理念之问看,如何理解中国式现代化蕴含的"六观"? 中国式现代化蕴含的独特世界观、价值观、历史观、文明观、民主观、生态观及其伟大实践,是对世界现代化理论和实践的重大创新。中国式现代化的世界观是走和平发展之路,构建人类命运共同体;价值观是坚守人民至上的发展理念;历史观是既基于自身国情坚定历史自信,又胸怀天下借鉴各国经验;文明观是推动物质文明与精神文明相协调;民主观是坚持发展全过程人民民主;生态观是坚持人与自然和谐共生。

前　言

从实践之问看，如何统筹推进中国式现代化的"六对关系"？ 推进中国式现代化是一个系统工程，需要统筹兼顾、系统谋划、整体推进，正确处理好顶层设计与实践探索、战略与策略、守正与创新、效率与公平、活力与秩序、自立自强与对外开放等一系列重大关系。

只有创造过辉煌的民族，才懂得复兴的意义；只有经历过苦难的民族，才对复兴有如此深切的渴望。中国共产党以中国式现代化全面推进中华民族伟大复兴，蓝图已经绘就，号角已经吹响，中华民族伟大复兴的航船定能破浪前进、胜利驶向光辉的彼岸！

目 录
CONTENTS

第一章 现代化的历史之问：我们究竟需要什么样的现代化？

一、马克思主义视域下西方现代化基本逻辑　/ 003

二、中国共产党致力中国式现代化的百年探索　/ 009

三、中国式现代化对"现代化之问"的作答　/ 036

第二章 现代化的时代之问：政党应该如何引领和推动现代化？

一、坚守人民至上理念，突出现代化方向的人民性　/ 049

二、秉持独立自主原则，探索现代化道路的多样性　/ 058

三、树立守正创新意识，保持现代化进程的持续性　/ 066

四、弘扬立己达人精神，增强现代化成果的普惠性　/ 072

五、保持奋发有为姿态，确保现代化领导的坚定性　/ 078

第三章 现代化的理论之问：
为什么说中国式现代化创造了人类文明新形态？

一、中国式现代化深深植根于中华优秀传统文化　/ 087

二、中国式现代化体现科学社会主义的先进本质　/ 094

三、中国式现代化代表人类文明进步的发展方向　/ 101

四、中国式现代化展现了不同于西方现代化模式的新图景　/ 106

第四章 现代化的理念之问：
如何理解中国式现代化蕴含的"六观"？

一、中国式现代化的世界观　/ 115

二、中国式现代化的价值观　/ 121

三、中国式现代化的历史观　/ 128

四、中国式现代化的文明观　/ 134

五、中国式现代化的民主观　/ 140

六、中国式现代化的生态观　/ 145

第五章 现代化的实践之问：
如何统筹推进中国式现代化的"六对关系"？

一、统筹顶层设计与实践探索的关系　/ 155

二、统筹战略与策略的关系　/ 160

目 录

三、统筹守正与创新的关系 / 166

四、统筹效率与公平的关系 / 173

五、统筹活力与秩序的关系 / 181

六、统筹自立自强与对外开放的关系 / 187

后　　记 / 195

第一章

现代化的历史之问：
我们究竟需要什么样的现代化？

CHAPTER 01

2023年3月15日，习近平在中国共产党与世界政党高层对话会上的主旨讲话中指出："人类社会发展进程曲折起伏，各国探索现代化道路的历程充满艰辛。当今世界，多重挑战和危机交织叠加，世界经济复苏艰难，发展鸿沟不断拉大，生态环境持续恶化，冷战思维阴魂不散，人类社会现代化进程又一次来到历史的十字路口。两极分化还是共同富裕？物质至上还是物质精神协调发展？竭泽而渔还是人与自然和谐共生？零和博弈还是合作共赢？照抄照搬别国模式还是立足自身国情自主发展？我们究竟需要什么样的现代化？怎样才能实现现代化？面对这一系列的现代化之问，政党作为引领和推动现代化进程的重要力量，有责任作出回答。"伴随着世界现代化发展进入了新的阶段，西方现代化逐渐暴露出一系列弊病。与此相对，中国共产党领导下的中国式现代化走出了一条新路，展现了与西方现代化不同的现代化模式，以一系列现代化发展逻辑回答了现代化之问。

一

马克思主义视域下西方现代化基本逻辑

近代以来,中国走向现代化的历史进程始于已经实现现代化的资本主义国家的外部入侵,从而经历了从被动卷入现代化进程到主动探索现代化出路,再到主动选择社会主义现代化道路,乃至开创中国式现代化的历史转变过程。这一时期的历史起点在鸦片战争,但其逻辑起点在资本主义现代化道路所蕴含的资本逻辑及其在世界范围内的扩张。所谓资本逻辑,是资本以其本质特性在现实的社会活动中所展现的行为规律与逻辑运动。在此方面,马克思主义通过详尽的资本逻辑批判,揭示了资本逻辑与现代化的本质联系,并以资本的产生、运作与发展勾勒了现代化在时间和空间上的展开过程。

(一)资本逻辑的产生根源于资本主义生产方式

马克思指出,从资本的历史发展进程来看,资本产生之前直接相连的历史可以称为资本的"前史",是"资产阶级以前的社会形式"[1]。在此历史阶段,生产过程表现为"商品生产过程",是劳动过程与价值形成过程的统一。[2] 伴随着商品生产深度和广度不断扩

---

[1] 《马克思恩格斯文集》第8卷,人民出版社2009年版,第424页。
[2] 《马克思恩格斯文集》第5卷,人民出版社2009年版,第230页。

大，以及商品流通在全社会的普遍化，尤其是在劳动者同劳动条件相分离的情况下，商品生产逐渐具有资本主义形式，资本主义生产过程最终确立。马克思强调："作为劳动过程和价值增殖过程的统一，生产过程是资本主义生产过程，是商品生产的资本主义形式。"① 商品生产和商品流通是资本主义生产形成的历史前提。更进一步，资本主义生产又扩大了商品生产和商品流通，商品也就成为一切产品的一般形式。这即所谓的资本现代史。要言之，伴随着私有制下商品生产方式的变革，特别是资本主义生产方式的确立，资本得以形成和确立。理解资本与资本逻辑归根结底在于对生产方式的把握。"资本主义生产方式是一种特殊的、具有独特历史规定性的生产方式"②，社会的、历史的属性是资本主义生产方式的内在规定性，即资本主义生产方式决定了资本主义条件下的特殊性。由此，马克思的政治经济学批判已经揭示，在考察资本问题时，必须立足于特定的生产方式，从每个历史阶段的本质特征出发进行分析。

（二）以资本二重性塑造了现代性的两面特征

马克思指出，生产之中必然形成一定社会生产关系，并且随着物质生产资料、生产力的变化和发展而变化和改变。以此出发，马克思得出了"资本不是物，而是一定的、社会的、属于一定历史社会形态的生产关系，后者体现在一个物上，并赋予这个物以独特的

---

① 《马克思恩格斯文集》第5卷，人民出版社2009年版，第230页。
② 《马克思恩格斯文集》第7卷，人民出版社2009年版，第994页。

现代化的历史之问：
我们究竟需要什么样的现代化?

社会性质"[①]的重要结论。资本所具有的生产要素和社会关系的双重含义，在现实的资本运动中表现为在追求剩余价值中创造了文明，即具有创造文明与价值增殖的双重作用。由此，资本运行所产生的资本逻辑，客观上推动了生产力发展与现代化、开拓了世界市场，同时又无止境追求剩余价值。这也就是资本逻辑所必然蕴含的资本二重性。

在此意义上，资本展现出了系列特性。一是从物质属性角度的流动性。马克思指出："资本是由用于生产新的原料、新的劳动工具和新的生活资料的各种原料、劳动工具和生活资料组成的。"[②] 由于资本投入生产时必须购买用于物质生产的各种必要材料，因此原料、工具等表现为资本经过交换而得的物质资料。此外，劳动者的劳动是由生活资料交换而来，生活资料成为资本的物质形式之一。凭借着对物质载体的支配，资本可以轻松更换物质呈现形式，在各类生产资料中转换，具有极强的流动性。更重要的是，资本内在要求流动起来，这是因为只有在资本流动之中才能实现价值增殖。二是从价值生成角度的增殖性。无论是生活资料，还是生产工具和原料，它们都首先表现为商品，并且是能够与别的产品交换的产品。由于它们都是商品，它们必然以一定的交换价值体现出来，即体现为一定量的货币。在此意义上，资本是商品的总和、商品的价值量的总和，也就是交换价值的总和。马克思指出："资本的躯体可以

[①] 《马克思恩格斯文集》第7卷，人民出版社2009年版，第922页。
[②] 《马克思恩格斯文集》第1卷，人民出版社2009年版，第723页。

经常改变，但不会使资本有丝毫改变。"①价值的抽象性，使得它既可以游离于各项劳动产品等物质资料之中，同时又能保持自己的属性。更为重要的是，作为价值总和的资本内在追求着更多的价值，其目的正是实现自身的价值增殖，从而具有了强烈的增殖特性。三是从社会关系角度的扩张性。无论是生活资料、劳动工具、原料，还是经由社会生产得到的商品，都是在一定生产关系下生产出来，并进一步用于生产过程。马克思对资本的定义的核心是社会生产关系，而这种生产关系内在要求实现扩张。社会主义市场经济下的资本是对生产关系的集中体现，充分反映了人与物、人与人在从事生产活动之中结成的关系。为了谋求实现更多的价值与利润，资本展现出强烈的扩张性，不断突破时间和空间乃至社会层面的限制，不仅塑造了经济生产关系，而且有着向政治领域、社会领域扩张的冲动，试图成为"特殊的以太"，形成以资本为核心的社会关系。

（三）资本扩张推动了现代化的横向和纵向展开

资本逻辑在推动现代化发展的同时，在横向和纵向维度产生了一系列现代化现象。

从横向的资本运动来看，存在着从单个资本的运动到多个资本的联合的趋势，甚至发展到垄断资本的内在逻辑。单个资本通常以商品和货币的形式进入生产过程，通过资本的积累不断实现生产的

---

① 《马克思恩格斯文集》第1卷，人民出版社2009年版，第725页。

现代化的历史之问：
我们究竟需要什么样的现代化？

扩大，再经历资本的流通过程，以货币资本、生产资本和商品资本的循环方式进行资本的循环与周转，最终形成了资本生产的总过程，即资本的生产、流通、交换和消费的总过程。资本生产的总过程按照价值规律展开，目的在于实现价值增殖，最终以平均利润为轴心，实现了资本的复归运动。这也就是资本运动的典型形式。单个资本在积累和积聚的基础上有着资本集中的趋势，即以竞争与信用为杠杆，从独立资本通过吞并或者联合的方式形成较大资本的过程。资本集中是市场经济的自然取向与必然趋势，也是资本发展的必要前提和途径。在资本集中基础上便是多个资本的联合。资本联合的发展为资本垄断奠定了重要基础，最终达到了多个资本的彻底融合，也就是垄断资本的产生，即在生产部门内实现对生产全过程的掌握，并通过垄断价格持续获取高额的垄断利润。马克思已经预见了资本向垄断发展的趋势，列宁则在19世纪与20世纪之交对私人垄断资本的实质作出了重要判断。资本主义现代化历史也表明，资本有着从单个资本发展至私人垄断资本、国家垄断资本乃至国际垄断资本的发展阶段。

从纵向的资本运动来看，资本不仅局限于经济领域，更是实现了向现代化社会各个领域的扩张，同时也推动了资本的空间扩张。资本在达到垄断之后便拥有了个别或者多个生产部门的垄断价格的定价权及其所带来的垄断利润，形成了以资本为中心的经济权力结构。为了追求更高的利润，垄断资本存在着向经济领域之外的其他领域扩张的天然冲动，即介入政治生活、社会生活、文化生活等。要言之，资本逻辑要求以自身为依据塑造整个人类

社会。这种要求现实地体现于资本主义现代化历史中，展现为资本主义社会下的政治逻辑、文化逻辑、社会运行逻辑等都服从于资本逻辑，即政治、文化、社会都以资本为核心。现实而言，资本在无序扩张之下，向外扩张的活动表现为，以资本的力量和现实行动加剧劳动者竞争、损害群众利益、影响社会舆论、操纵意识形态、干预政治决策等。同时，马克思早已经从资本积累内在要求的角度预见了资本的空间扩张，即出于对剩余价值的追求寻求在世界范围内的扩张。在此意义上，资本逻辑构建了以资本为核心的现代化发展道路，意味着资本占据了现代化发展的主导地位，成为社会中"普照的光"，并以资本为中心塑造社会生活运行规则。

由上可见，马克思主义通过资本逻辑的形成、运行与发展的理论与历史，揭示了资本主义现代化道路的实质。资本主义现代化道路根源于资本主义生产方式的确立，随着资本逻辑的确立形成了以资本为核心的运行逻辑，并以资本逻辑为核心在横向的资本领域与纵向的社会各领域塑造着资本主义现代化的现实表现。在此过程中，资本主义下的"资本特殊"成为理解和把握资本逻辑的关键。"资本特殊"是对资本主义下资本规定性的抽象，直接体现为资本主义私有制、资本主义市场经济等所赋予的特殊规定性。在此意义上，资本主义的资本逻辑具有了鲜明的利己性，表现为服从私人利益的资本运动，并以此塑造了资本主义现代化的经济活动、政治运行、社会规则乃至道德规范。

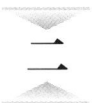

中国共产党致力中国式现代化的百年探索

1921年7月,中国共产党应运而生。自此,中国共产党就把为中国人民谋幸福、为中华民族谋复兴作为自己的初心使命。习近平总书记指出,实现中华民族伟大复兴是近代以来中国人民的共同梦想,无数仁人志士为此苦苦求索、进行各种尝试,但都以失败告终。探索中国现代化道路的重任,历史地落在了中国共产党身上。中国共产党自1921年成立以来已走过100余年的光辉历程。100多年来,党领导人民浴血奋战、百折不挠,创造了新民主主义革命的伟大成就;自力更生、发愤图强,创造了社会主义革命和建设的伟大成就;解放思想、锐意进取,创造了改革开放和社会主义现代化建设的伟大成就;自信自强、守正创新,创造了新时代中国特色社会主义的伟大成就。中国共产党100多年团结带领中国人民追求民族复兴的历史,也是一部不断探索现代化道路的历史。

(一)新民主主义革命时期的探索

习近平总书记指出:"在新民主主义革命时期,我们党团结带领人民,浴血奋战、百折不挠,经过北伐战争、土地革命战争、抗日战争、解放战争,推翻帝国主义、封建主义、官僚资本主义三座大山,建立了人民当家作主的中华人民共和国,实现了民族

独立、人民解放，为实现现代化创造了根本社会条件。"① 中国共产党领导的新民主主义革命时期的现代化探索，创造性地实现了由被动向主动的转变，确定了以工业化推动社会主义现代化的发展道路。

1. 中国的现代化由被动向主动的转变

1840年鸦片战争以后，由于西方列强入侵和封建统治腐败，中国逐步成为半殖民地半封建社会，国家蒙辱、人民蒙难、文明蒙尘，中华民族遭受了前所未有的劫难。为了拯救民族危亡，中国人民奋起反抗，仁人志士奔走呐喊，进行了可歌可泣的斗争。无论是学习西方先进技术的洋务运动，还是力求"变法图强"的戊戌变法，抑或是推翻帝制、振兴中华的辛亥革命，都没有让中国走上真正现代化道路。这些救国方案体现了中国人民对现代化的向往，意味着中国已经开始了现代化探索，开启了中国的现代化发展历程。但是，在此历史阶段的现代化突出表现为迫于外部入侵所进行的现代化探索，展现出强烈的被动性、依赖性与片面性。其一，中国的现代化的被动性体现于在已经实现现代化的国家的影响或威胁下而被动开始。也就是说，中国的现代化探索是为了适应世界现代文明而对自身传统文明进行的改造，是在帝国主义对华侵略战争的直接威胁下进行的"防御性现代化"。其二，中国的现代化的依赖性体现于对已经实现现代化的国家的依赖或受制。作为半殖民地半封建国家，中国虽然在探索实现现代化的路径，但是在关键的政治、经

---

① 《正确理解和大力推进中国式现代化》，《人民日报》2023年2月8日。

现代化的历史之问：
我们究竟需要什么样的现代化？

济领域均受帝国主义实质性控制，表现为不能独立自主地推动现代化，也无力从根本上改变政治主权、经济自主权丧失的局面。其三，中国的现代化的片面性体现于旧中国探索现代化的运动性探索。在探索现代化的历程中，改良主义、自由主义、社会达尔文主义、无政府主义、实用主义、民粹主义、工团主义轮番上场，凸显了探索的盲目性，也就是在缺乏整体规划之下进行现代化。历史已经证明，"被动的、依赖的、片面的"现代化不可能真正实现中国的现代化。

1921年中国共产党应运而生，中国进入了"主动的现代化"探索阶段。从此，中国人民就从精神上由被动转为主动，中国人民谋求现代化就有了主心骨。新中国成立前夕，毛泽东在党的七届二中全会上论述使中国从农业国变成工业国这个问题时，就提出了要"解决建立独立的完整的工业体系"①的问题。中国共产党对现代化的探索，不仅使中国革命的面貌焕然一新，而且极大扭转了中国现代化运动的前进方向。中国共产党领导的"主动的现代化"表现为明显的自觉性、独立性与局部性。其一，自觉性表现为对现代化探索的自为的谋划，也就是在把马克思列宁主义基本原理同中国具体实际相结合的过程中开辟了正确的现代化道路。其二，独立性表现为开启了独立自主的现代化探索，也就是主要靠自己的力量与思想理论自主地领导中国革命进行现代化探索。其三，局部性表现为主要在中国共产党的革命根据地推进现代化，而不是在全国范围内推

---

① 《毛泽东选集》第4卷，人民出版社1991年版，第1433页。

进现代化。

2. 社会主义现代化从可能性向必然性的转变

有关现代化发展的一般规律存在着多种阐释。通常认为,马克思仅关注到了社会主义革命的一般规律,也就是在发达(已经实现现代化)国家进行社会主义革命的规律。实际上,马克思通过东方社会理论探讨了落后国家的社会主义革命问题,揭示了不经过资本主义阶段的理论上的可能性。在《给〈祖国纪事〉杂志编辑部的信》中,马克思旗帜鲜明地反对把关于西欧资本主义特殊的历史问题当作"一般发展道路的历史哲学理论"[①],强调了历史的具体性与特殊性。更进一步,马克思在回答俄国女革命家查苏利奇对俄国农村公社发展前途的询问时,提出了经济文化落后的东方国家有可能不经过资本主义的发展阶段而走上社会主义道路的跨越资本主义卡夫丁峡谷的重要设想,为东方国家摆脱落后局面提供了重要理论支撑,从理论上证明了在落后国家走社会主义道路的可能性。俄国十月革命为中国送来现代化的曙光,则是以实际行动证明了走社会主义现代化道路的必然性。鸦片战争以后,"当时所有在西方和日本流行的社会和哲学理论——现实主义、功利主义、实用主义、自由主义、个人主义、社会主义、无政府主义、达尔文主义和唯物主义等都得到不同程度的反映"[②],但都没能寻得中国走向现代化的发展道路。在中华民族陷入道路选择的迷茫时期,"十月革命帮助了全世界的也帮助了中国的先进分子,用无产阶级的宇宙观作为观察

---

① 《马克思恩格斯文集》第3卷,人民出版社2009年版,第466页。
② 费正清、赖肖尔:《中国传统与变革》,江苏人民出版社1996年版,第448页。

现代化的历史之问：
我们究竟需要什么样的现代化？

国家命运的工具，重新考虑自己的问题。走俄国人的路——这就是结论"①。十月革命不仅实现了马克思主义关于无产阶级革命和无产阶级专政的从理论到现实的飞跃，印证了跨越资本主义卡夫丁峡谷的现实可能性，而且还证明了在落后国家走社会主义道路、进行社会主义现代化建设的可行性与现实性，为羸弱的旧中国摆脱枷锁、走向现代化提供了重要示范，以此彻底改变了世界历史的走向。在此背景下，选择走社会主义道路实现现代化与民族复兴，实现了从可能性到历史必然性的跨越。这种必然性体现在历史实践中得出的重要结论：中国选择其他现代化道路行不通，还凸显于中华民族选择社会主义道路的主动性——在饱受内忧外患的落后中国，只有通过社会主义革命的方式才能真正摆脱落后状况，实现发展阶段的超越。简言之，这一时期的历史结论正是："只有社会主义才能救中国，只有社会主义才能发展中国！"②走社会主义现代化的发展道路，深刻体现了历史可能性与必然性的统一。在毛泽东看来，"在新民主主义的政治条件获得之后，中国人民及其政府必须采取切实的步骤，在若干年内逐步地建立重工业和轻工业，使中国由农业国变为工业国"③。也就是说，工业化正是新民主主义社会的重要特征与经济基础，是毛泽东所理解的现代化的主要内容。

---

① 《毛泽东选集》第4卷，人民出版社1991年版，第1471页。

② 习近平：《在庆祝中国共产党成立100周年大会上的讲话》，人民出版社2021年版，第5页。

③ 《毛泽东选集》第3卷，人民出版社1991年版，第1081页。

（二）社会主义革命和建设时期的探索

习近平总书记指出："新中国成立后，我们党团结带领人民进行社会主义革命，消灭在中国延续几千年的封建制度，确立社会主义基本制度，实现了中华民族有史以来最为广泛而深刻的社会变革，建立起独立的比较完整的工业体系和国民经济体系，社会主义革命和建设取得了独创性理论成果和巨大成就，为现代化建设奠定根本政治前提和宝贵经验、理论准备、物质基础。"[①] 新中国初期的探索推动了我国从新民主主义社会向社会主义社会的转变，开启了立足中国特殊实际的社会主义现代化道路。

1. 社会主义现代化一般性与特殊性的统一

社会主义现代化道路从一般性到特殊性的转化，反映了中国共产党探索社会主义现代化道路过程中从"以苏为师"到"以苏为鉴"的历史转变过程。在此历史时期，以毛泽东同志为主要代表的中国共产党人在处理社会主义一般性与特殊性之中，提出了符合中国国情的"中国式工业化道路"，制定了"四个现代化"发展目标、"两步走"现代化发展战略。探索社会主义现代化道路的具体形式，特别是解决社会主义现代化一般性与特殊性如何统一的问题，成为当时的主要矛盾。

在一般性问题上，我国早期社会主义建设选择"以苏为师"，借鉴了苏联的宝贵经验，进行广泛的制度改造与工业化建设，实际上

---

① 《正确理解和大力推进中国式现代化》，《人民日报》2023年2月8日。

现代化的历史之问：
我们究竟需要什么样的现代化？

坚持了工业化对现代化先导作用的一般规律。以斯大林为首的苏联共产党人在进行社会主义建设时，特别强调了建设工业国的重要性和紧迫性，选择以优先发展重工业的方式推动现代化建设、实现了苏联经济的独立自主，同时结合农业集体化、政治集中化等方式，形成了苏联的社会主义现代化模式。作为社会主义现代化的成功典范，苏联模式在社会主义由一国向多国发展的过程中，成为各个国家进行社会主义建设的主要参照对象，几乎成为社会主义建设的一般性的"样板"。新中国成立初期，毛泽东指出，"他们已经建设起来了一个伟大的光辉灿烂的社会主义国家。苏联共产党就是我们的最好的先生，我们必须向他们学习"①。由此可见，在最初的社会主义现代化道路探索过程中，苏联模式的一般性对于我国社会主义现代化建设产生了深刻影响。

然而，随着我国社会主义现代化建设的推进，苏联模式高度集中的计划经济体制、重工业和轻工业的比例失衡、工业与农业结构失衡等弊端日益暴露，逐渐引发了对苏联模式的质疑乃至变革苏联模式的要求。特别是苏共二十大"为各国党独立思考，探索本国改革之路，提供了一个历史机遇"②，引发了对社会主义现代化建设特殊性问题的思考。在历史一般与历史特殊方面，列宁指出："世界历史发展的一般规律，不仅丝毫不排斥个别发展阶段在发展的形式

---

① 《毛泽东选集》第4卷，人民出版社1991年版，第1481页。
② 萧冬连：《筚路维艰中国社会主义路径的五次选择》，社会科学文献出版社2014年版，第73页。

或顺序上表现出特殊性，反而是以此为前提的。"①

在特殊性问题上，苏共二十大之前，毛泽东在发现苏联部分经验不适合我国国情时"就提出了'以苏为鉴'的问题"②；苏共二十大之后，毛泽东强调了要破除对苏联模式的迷信，反对教条主义与生搬硬套，指出"应该把马列主义的基本原理同中国社会主义革命和建设的具体实际结合起来，探索在我们国家里建设社会主义的道路了"③。在《论十大关系》中，毛泽东便已提出"中国式工业化道路"系列重要问题。在对党的历史回顾中，毛泽东深切提出"第二次结合"的深刻结论。在这一时期，党已经得出了一系列具有中国特色、符合中国实际的社会主义现代化建设指导方针、制度设计、思想理念，开始明确探索中国社会主义现代化道路的特殊性问题，为开辟中国式现代化道路提供了思想先导与实践基础。

2."四个现代化"发展目标的确立

1954年，毛泽东在第一届全国人大第一次会议开幕式上提出"将我们现在这样一个经济上文化上落后的国家，建设成为一个工业化的具有高度现代文化程度的伟大的国家"④，即将现代科学文化视为现代化重要内容。周恩来总理在《政府工作报告》中提出："如果我们不建设起强大的现代化的工业、现代化的农业、现代化的交

---

① 《列宁全集》第43卷，人民出版社2017年版，第374页。
② 薄一波：《若干重大决策与事件的回顾》（上），中共中央党校出版社1991年版，第472页。
③ 《毛泽东年谱（1949—1976）》第2卷，中央文献出版社2013年版，第550页。
④ 《毛泽东年谱（1949—1976）》第2卷，中央文献出版社2013年版，第283页。

现代化的历史之问：
我们究竟需要什么样的现代化？

通运输业和现代化的国防，我们就不能摆脱落后和贫困，我们的革命就不能达到目的。"1956年，毛泽东多次使用"三个现代化"重要概念，即将工业、农业现代化与现代化的科学文化共同使用。在上述理解现代化的重要基础上，毛泽东在读苏联《政治经济学教科书》时较完整地提出了"四个现代化"的内容，提出"建设社会主义，原来要求是工业现代化，农业现代化，科学文化现代化，现在要加上国防现代化"[①]。由此，"四个现代化"构成了社会主义现代化的主要内容，并由毛泽东的个人思想上升成为国家战略，体现为党在社会主义革命和建设时期的现代化发展目标。立足于社会主义现代化发展阶段，根据毛泽东的判断，周恩来在1964年第三届全国人大政府工作报告中向全国各界正式提出了"四个现代化"重要目标，即"全面实现农业、工业、国防和科学技术的现代化，使我国经济走在世界的前列"[②]。由此，"四个现代化"探索阶段构成了中国式现代化形成的重要前奏。

"四个现代化"发展阶段是党领导人民在推进中国式现代化探索历程中的重要标志，在中国式现代化探索中具有一系列鲜明特征。其一，目标的明确性。"四个现代化"是我国社会主义现代化建设初期发展的重要目标，引领着一系列社会主义建设成就。其二，目标的发展性。"四个现代化"的提出经历了审慎谋划与不断发展历程。1957年，毛泽东便已提出要"建设一个具有现代工业、现代

---

① 《毛泽东读社会主义政治经济学批注和谈话》（上），中华人民共和国国史学会1998年版，第296页。

② 《周恩来经济文选》，中央文献出版社1993年版，第563页。

农业和现代科学文化的社会主义国家"①。1959年底至1960年初,毛泽东发展了这一思想,提出要在原有基础之上加上国防现代化。②1963年,"四个现代化"明确为"把我国建设成为一个农业现代化、工业现代化、国防现代化和科学技术现代化的伟大的社会主义国家"③。可见,"四个现代化"发展目标的提出是党中央根据形势变化不断调整和完善的结果。其三,目标的有限性。之所以提出"四个现代化"而不是全面的现代化,实际上立足于新中国的国情,也就是不仅看到了国家基础较薄弱,也关切到了国家发展的重点。因此,"四个现代化"发展阶段的提出是符合中国实际的,也具有鲜明的中国特色。

在"四个现代化"目标引领下,毛泽东不断探索一条适合中国的工业化道路。在毛泽东看来,工业化是现代化的基础与核心,只有推动工业化才能实现真正的现代化。在选择中国走何种工业化道路的历程中,毛泽东从制度与方法两个层面明确了工业化方式。从制度层面而言,毛泽东早已明确了要在社会主义制度之下发展工业,强调走社会主义工业化发展道路。这既是源于历史已经证明"资本主义道路,也可增产,但时间要长,而且是痛苦的道路"④,又是由于有苏联通过社会主义工业化成为世界工业强国的历史经验。从方法层面而言,在社会主义工业化道路前提下,毛泽东明确指出:"生产资料优先增长的规律,是一切社会扩大再生产的共同规

---

① 《毛泽东文集》第7卷,人民出版社1999年版,第268页。
② 《毛泽东文集》第8卷,人民出版社1999年版,第116页。
③ 《建国以来毛泽东文稿》第10册,中央文献出版社1996年版,第346页。
④ 《毛泽东文集》第6卷,人民出版社1999年版,第299页。

律。斯大林把这个规律具体化为优先发展重工业。斯大林的缺点是过分强调了重工业的优先增长,结果在计划中把农业忽略了。我们把这个规律具体化为:在优先发展重工业的条件下,工农业同时并举。我们实行的几个同时并举,以工农业同时并举为最重要。"① 也就是说,毛泽东肯定了生产资料优先增长的一般规律,但是强调了工业和农业、工业与其他门类的发展并举,以此最大程度发展社会生产力。由此,注重工业发展,强调重工业和农业、轻工业的协调发展,构成了社会主义现代化下推动工业发展的基本路径。

3. 明确"不发达的社会主义"发展阶段

从历史发展来看,"大跃进"和人民公社化运动的快速推进,一度催生了向共产主义过渡的口号。党内许多干部认为用不了多久我国社会主义就可以实现向共产主义过渡。然而,现实的实践证明这种快速过渡的口号仅仅是一种空想。面对社会主义现代化建设的局面,毛泽东指出:"在我们这样的国家,完成社会主义建设是一个艰巨任务,建成社会主义不要讲得过早了。"② 进行社会主义建设的艰巨性决定了并非一蹴而就,特别是社会主义改造基本完成以后,社会主义向共产主义过渡中存在发展阶段的划分。毛泽东在读苏联《政治经济学教科书》的谈话中明确指出:"社会主义这个阶段,又可能分为两个阶段,第一个阶段是不发达的社会主义,第二

---

① 《毛泽东读社会主义政治经济学批注和谈话》(上),中华人民共和国国史学会1998年版,第369—370页。

② 《毛泽东读社会主义政治经济学批注和谈话》(上),中华人民共和国国史学会1998年版,第296页。

个阶段是比较发达的社会主义。后一阶段可能比前一阶段需要更长的时间。经过后一阶段,到了物质产品、精神财富都极为丰富和人们的共产主义觉悟极大提高的时候,就可以进入共产主义社会了。"[①] 明确当前所处"不发达的社会主义阶段"以及社会主义两个阶段的划分是毛泽东的重要创见,构成了建设社会主义现代化根本的历史方位,并为改革开放后提出"社会主义初级阶段"重要命题提供了重要基础。

明确指出社会主义阶段划分问题后,便产生了"过渡问题",即通过什么样的方式实现从不同发展阶段的过渡。针对这一问题,毛泽东指出,"社会主义制度下,虽然没有一个阶级推翻另一个阶级的革命,但是还有革命。技术革命、文化革命,也是革命。从社会主义过渡到共产主义是革命,从共产主义的这一个阶段过渡到另一个阶段,也是革命。共产主义一定会有很多的阶段,因此也一定会有很多的革命"[②],认为不同发展阶段的转化主要通过革命的方式,革命由此具有了更加广泛的内涵。在此基础上,毛泽东在对未来共产主义的畅想中,提出"进到高级阶段以后,共产主义社会的发展一定会出现新的阶段,新的目标一定又会提出来"[③],并认为"到了共产主义阶段,也还是要发展的……难道那个时候只有

[①] 《毛泽东读社会主义政治经济学批注和谈话》(上),中华人民共和国国史学会1998年版,第259—260页。

[②] 《毛泽东读社会主义政治经济学批注和谈话》(上),中华人民共和国国史学会1998年版,第341页。

[③] 《毛泽东读社会主义政治经济学批注和谈话》(下),中华人民共和国国史学会1998年版,第706页。

量变而没有不断的部分质变吗？"[①] 也就是说，毛泽东从"量变质变规律"出发，分析了社会发展过程的"同质性"和"异质性"，即在同一社会下有不同阶段的量的变化，也有不同社会中质的转化，而社会阶段的量变与质变也是紧密相连的，存在着转化的可能性。

在建成社会主义，特别是描绘共产主义阶段的特征时，毛泽东十分注重人的发展问题。毛泽东基本赞同斯大林关于未来社会达到较高文化水平的标准，但也认为斯大林的分析并不具体。在毛泽东看来，一方面，为了实现人的现代化，"需要减少劳动时间，实行综合技术教育，根本改善居住条件，提高职工的实际工资"[②]。另一方面，他特别强调人与人关系的现代化，强调必须破除人与人之间的"资产阶级法权"[③]，即通过劳动生产中人与人的关系的变革最终实现人与人之间的平等。

（三）改革开放和社会主义建设新时期的探索

习近平总书记指出："改革开放和社会主义建设新时期，我们党作出把党和国家工作中心转移到经济建设上来、实行改革开放的历史性决策，大力推进实践基础上的理论创新、制度创新、文化创

[①] 《毛泽东读社会主义政治经济学批注和谈话》（上），中华人民共和国国史学会1998年版，第258页。

[②] 《毛泽东读社会主义政治经济学批注和谈话》（上），中华人民共和国国史学会1998年版，第65页。

[③] 《毛泽东读社会主义政治经济学批注和谈话》（上），中华人民共和国国史学会1998年版，第67页。

新以及其他各方面创新，实行社会主义市场经济体制，实现了从生产力相对落后的状况到经济总量跃居世界第二的历史性突破，实现了人民生活从温饱不足到总体小康、奔向全面小康的历史性跨越，为中国式现代化提供了充满新的活力的体制保证和快速发展的物质条件。"①改革开放和社会主义建设新时期的探索不仅推动了社会主义现代化发展阶段的转变，而且创造性地真正开始了中国式现代化的历史进程。

1. 社会主义现代化世界性和民族性的统一

新中国初期虽然实现了独立自主，但是"在对全球化主体潮流的脱离和抵抗中，我们虽然坚持了政治上的独立，却也造成了自身的封闭和僵化，无法从全球化进程中获得发展动力，结果是在现代经济和文化等方面的落伍"②。党的十一届三中全会以来，以邓小平同志为主要代表的中国共产党人直面社会主义现代化与世界历史、民族历史的重要关系，推动了从"四个现代化"到"中国式的现代化"的历史转变。一方面，强调现代化在世界发展演变中的历史必然，明确必须在对外开放、融入世界中推动社会主义现代化建设。伴随着生产方式的重大变革，特别是资本主义机器大工业在世界范围内的扩张，落后国家或前现代国家必然面临着在世界历史与世界市场内推进现代化的重任。换言之，"现代化一旦在某一国家或地区出现，其他国家或地区为了生存和自保，必然采用现代化

---

① 《正确理解和大力推进中国式现代化》，《人民日报》2023年2月8日。
② 《费孝通全集》第17卷，内蒙古人民出版社2009年版，第198页。

现代化的历史之问：
我们究竟需要什么样的现代化？

之道"①。这一问题在改革开放之后尤为凸显，直接表现为世界范围内社会主义与资本主义制度"两制共处"时的现实复杂性②，也就是在世界现代化发展图景之下的交互关系问题。在此背景下，邓小平通过对历史经验的分析，认为"中国长期处于停滞和落后状态的一个重要因素是闭关自守"③；明确指出社会主义在与资本主义的竞争之中，"就必须大胆吸收和借鉴人类社会创造的一切文明成果，吸收和借鉴当今世界各国包括资本主义发达国家的一切反映现代社会化生产规律的先进经营方式、管理方法"④。以此为契机，中国通过对外开放，深度参与了国际分工和合作，抓住了经济全球化重要机遇，利用世界市场等经济纽带实现了现代化建设的赶超，使得社会主义现代化、中国式的现代化首次具有了真正意义上的"世界性"。另一方面，强调社会主义现代化建设必须立足中国特点，必须从民族国家的现实国情出发。1979年，邓小平便已得出"中国式的现代化，必须从中国的特点出发"⑤的重大结论。在探索中国式现代化道路的过程中，邓小平以中华文化为依托，改造了"小康"一词的概念内涵，创造性地使用了小康社会描绘中国现代化发展图景。1979年12月6日，他在会见日本首相大平正芳时指出，"我们要实

---

① 艾恺：《持续焦虑 世界范围内的反现代化思潮》，生活·读书·新知三联书店2022年版，第3页。
② 孙来斌：《人类命运共同体视域下的"两制共处"问题》，《马克思主义与现实》2022年第2期。
③ 邓小平：《建设有中国特色的社会主义》，人民出版社1987年版，第67页。
④ 《邓小平文选》第3卷，人民出版社1993年版，第373页。
⑤ 《三中全会以来重要文献选编》（上），人民出版社1982年版，第87页。

现的四个现代化,是中国式的四个现代化。我们的四个现代化的概念,不是像你们那样的现代化的概念,而是'小康之家'"①。走自己的道路,坚持把马克思主义基本原理同中国具体实际相结合、依据本民族历史传统探索发展模式,逐渐成为进行现代化建设的共识。

2. 建设现代化的伟大历史性转折

1978年党的十一届三中全会实现了伟大的历史性转折,开启了改革开放和社会主义现代化建设的新时期,以邓小平同志为主要代表的中国共产党人作出把党和国家工作中心转移到经济建设上来、实行改革开放的历史性决策,创造性地提出了"小康"建设目标。在此时期,邓小平提出"中国式的现代化"重要概念,强调"我们的四个现代化的概念"是"小康之家"。在推进社会主义现代化的过程中,"小康社会"不仅是对我国传统思想中的小康理想的创造性转化,而且是对"四个现代化"战略目标的继承与发展,是与我国的现代化建设结合在一起、在改革开放和社会主义现代化建设新时期对现代化任务的进一步明确。要言之,中国式的现代化实现了从"四个现代化"概念的进一步发展,转化为"小康社会"现代化发展阶段。

在"小康社会"现代化发展阶段,立足于"小康"战略目标,中国式现代化相继明确了小康社会、全面建设小康社会、全面建成小康社会的渐进发展目标。其一,"小康社会"与中国式现代化。邓小平在1980年的中央经济工作会议上指出:"经过二十年的时间,

---

① 《邓小平年谱(1975—1997)》(上),中央文献出版社2004年版,第582页。

现代化的历史之问：
我们究竟需要什么样的现代化？

使我国现代化经济建设的发展达到小康水平，然后继续前进，逐步达到更高程度的现代化。"① 1982年，党的十二大首次将"小康"确定为总的奋斗目标与行动纲领。党的十二大到党的十三大时期，邓小平围绕"小康社会"发表了系列讲话，逐渐明确了小康社会的内涵与目标。实质上，小康社会是我国社会主义建设的一个重要阶段，代表着生产力不断发展、综合国力不断增强、社会不断进步的发展过程。其二，"全面建设小康社会"与中国式现代化的推进。自邓小平提出小康社会概念后，小康成为我国改革开放发展过程中的主轴与中心任务。20世纪90年代至21世纪初，我国社会主义现代化建设事业快速发展，实现了人民生活由温饱到小康的历史性跨越。随着"总体小康"的达成，以江泽民同志为主要代表的中国共产党人在党的十六大宣告开启全面建设小康社会，并从经济、政治、文化、可持续发展"四位一体"的角度阐释了全面建设小康社会的内涵。2007年，在党的十七大上，以胡锦涛同志为主要代表的中国共产党人明确了全面建设小康社会的新内涵。全面建设小康社会的提出，意味着加快推进社会主义现代化成为现实。其三，"全面建成小康社会"与中国式现代化发展新境界。党的十八大以来，以习近平同志为核心的党中央提出全面建成小康社会新的目标，并通过新时代中国特色社会主义伟大实践取得了全面建成小康社会的辉煌成就。2012年，党的十八大明确提出"全面建成小康社会"的战略目标。2017年，党的十九大强调，"从现在到二〇二〇年，是

---

① 《邓小平文选》第2卷，人民出版社1994年，第356页。

全面建成小康社会决胜期"①,并就全面建成小康社会作出了系列战略部署。2020年,决胜全面建成小康社会取得决定性成就。2021年,习近平总书记在庆祝中国共产党成立100周年的大会上向世界庄严宣告,经过全党全国各族人民持续奋斗,我们实现了第一个百年奋斗目标,在中华大地上全面建成了小康社会。至此,全面建成小康社会构筑了中国式现代化进程中的一座里程碑,标志着社会主义现代化建设达到了新高度。

3. 全面系统推动社会主义现代化的统筹发展

现代化是一个系统变革,中国的社会主义现代化也是如此。邓小平多次强调:"我们搞四个现代化建设,人们常常忘记是什么样的四个现代化,是社会主义的四个现代化","我多次解释,我们搞的四个现代化有个名字,就是社会主义四个现代化"。② 社会主义的定语决定了,中国式的现代化只能是社会主义性质的,必然是现代化与社会主义的有机结合。邓小平坚信,只有坚持社会主义发展方向,中国才能真正实现现代化。邓小平指出,实现四个现代化是一场伟大革命,"是一项多方面的复杂繁重的任务",因此必然涉及多方面变革。在此意义上,作为社会主义现代化的当代形态,"中国式的现代化"必然涉及社会生活的各个领域和社会结构的各个层次,存在着多重矛盾与繁多工作。

第一,深刻把握社会主义社会基本矛盾和主要矛盾。明确中心

---

① 习近平:《决胜全面建成小康社会 夺取新时代中国特色社会主义伟大胜利——在中国共产党第十九次全国代表大会上的报告》,人民出版社2017年版,第27页。

② 《邓小平文选》第3卷,人民出版社1993年版,第173、181页。

现代化的历史之问：
我们究竟需要什么样的现代化？

任务的前提在于对社会主要矛盾的判断，依赖于对社会主要矛盾进行正确认识与科学分析。1979年，邓小平肯定了毛泽东在《正确处理人民内部矛盾的问题》中的判断，明确指出"我们的生产力发展水平很低，远远不能满足人民和国家的需要，这就是我们目前时期的主要矛盾，解决这个主要矛盾就是我们的中心任务"[①]。在此基础上，1981年通过的《关于建国以来党的若干历史问题的决议》重新肯定了党的八大的论断，就我国社会主要矛盾作出了科学判断。

第二，牢牢抓住经济建设这个现代化建设的中心工作。基于对社会主要矛盾的把握，邓小平指出："我们当前以及今后相当长一个历史时期的主要任务是什么？一句话，就是搞现代化建设。"[②]虽然推动中国的现代化建设具有多方面任务，但是邓小平仍然明确强调："现代化建设的任务是多方面的，各个方面需要综合平衡，不能单打一。但是说到最后，还是要把经济建设当作中心。离开了经济建设这个中心，就有丧失物质基础的危险。"[③]邓小平得出坚持以经济建设为中心这个重大结论，不仅是对我国现代化建设教训的深刻反思，而且也看到了只有坚持发展国民经济与社会生产力才能真正实现现代化。

第三，统筹协调推动多种现代化建设事业的共同发展。现代化的变革必然是深刻的和全面的，单一维度的现代化发展不足以支撑

---

① 《邓小平文选》第2卷，人民出版社1994年版，第182页。
② 《邓小平文选》第2卷，人民出版社1994年版，第162页。
③ 《邓小平文选》第2卷，人民出版社1994年版，第250页。

现代化发展全局。邓小平深知现代化变革的系统性，开创性地强调了政治现代化、法律现代化的重要意义。邓小平经常将"政治生活民主化"与现代化联系在一起，提出"为了适应社会主义现代化建设的需要，为了适应党和国家政治生活民主化的需要，为了兴利除弊，党和国家的领导制度以及其他制度，需要改革的很多"①，即强调通过政治体制改革发展社会主义民主政治。不仅如此，邓小平还突出了高度的精神文明对于现代化的重要性，指出"所谓精神文明，不但是指教育、科学、文化（这是完全必要的），而且是指共产主义的思想、理想、信念、道德、纪律，革命的立场和原则，人与人的同志式关系，等等"②。

（四）中国特色社会主义新时代的探索

习近平总书记指出："党的十八大以来，我们党在已有基础上继续前进，不断实现理论和实践上的创新突破，成功推进和拓展了中国式现代化。我们在认识上不断深化，创立了新时代中国特色社会主义思想，实现了马克思主义中国化时代化新的飞跃，为中国式现代化提供了根本遵循。我们进一步深化对中国式现代化的内涵和本质的认识，概括形成中国式现代化的中国特色、本质要求和重大原则，初步构建中国式现代化的理论体系，使中国式现代化更加清晰、更加科学、更加可感可行。"③在新时代、新征程、新阶段的伟

---

① 《邓小平文选》第2卷，人民出版社1994年版，第322页。
② 《邓小平文选》第2卷，人民出版社1994年版，第367页
③ 《正确理解和大力推进中国式现代化》，《人民日报》2023年2月8日。

现代化的历史之问：
我们究竟需要什么样的现代化？

大历程中，新时代中国式现代化以高度的历史自觉推动了社会主义现代化的当代转化，实现了科学社会主义基本原则同中国的现代化建设实际的深度结合，展现了社会主义现代化在当代中国、在21世纪的具体形态，即在科学社会主义运动的"变"与"不变"的辩证统一中推动了社会主义现代化的革故鼎新。

1. 习近平新时代中国特色社会主义思想是中国式现代化的根本遵循

习近平总书记指出，"马克思主义指引中国成功走上了全面建设社会主义现代化强国的康庄大道"[①]。马克思通过历史唯物主义建构与政治经济学批判，深刻觉察了资本逻辑运动规律，充分认识了资本文明所带来的进步与破坏，是对资本现代性本质最为深刻的揭露，特别是就资本主义现代化道路所带来的资本逻辑、两极分化、对外扩张进行了最为深刻的批判，而中国式现代化道路正是对马克思主义所揭示的以资本为中心的现代化道路的根本逻辑及不可避免的内在弊病的深刻洞察。以此为基础，中国式现代化始终以马克思主义理论为重要基础，不仅充分把握马克思主义所揭示的共产党执政规律、人类社会发展规律、历史发展规律，而且自觉发挥马克思主义所设想的未来社会经济建设、政治建设等方面的一般原则，将科学社会主义理论充分运用于社会主义现代化建设进程中。同时，中国式现代化在坚持马克思主义理论基础上，推动了马克思主义理论的中国化时代化。毛泽东指出："马克思主义的'本本'是要学

---

① 习近平：《在纪念马克思诞辰200周年大会上的讲话》，人民出版社2018年版，第15页。

习的，但是必须同我国的实际情况相结合。"[1]在此过程中，马克思主义中国化的理论活动与中国化的马克思主义的理论成果交相辉映。在一定意义上，中国式现代化道路的形成与发展过程，始终伴随着马克思主义中国化的历史性推进，更是一部不断推进理论创新、进行理论创造，实现马克思主义中国化历史性飞跃的历史。党的十八大以来，中国特色社会主义进入新时代，中国的现代化建设事业也进入了新时代。习近平新时代中国特色社会主义思想以一系列新思想、新理念、新判断，就新时代"为什么要推进中国式现代化、中国式现代化的具体样态与实践目标、怎样推进中国式现代化"等重大问题作出了系统回答与深刻揭示，构成了中国式现代化道路的科学指引与理论指南，实现了马克思主义中国化关于现代化理论的新的飞跃，在中华民族强起来的历程中发挥着引领性作用，指引着中国式现代化道路迈入新的历史阶段。

2. 党的全面领导是中国式现代化的根本政治保障

社会主义运动的基本原则的核心在于坚持无产阶级政党的领导。同时，社会主义运动高度的历史自觉，依托于共产党人在执政过程中对于历史规律的自觉运用。马克思、恩格斯指出："在实践方面，共产党人是各国工人政党中最坚决的、始终起推动作用的部分；在理论方面，他们胜过其余无产阶级群众的地方在于他们了解无产阶级运动的条件、进程和一般结果。"[2]中国共产党的全面领导体现于中国式现代化的理论建设与实践推动等多重维度。一方面，中国共

---

[1]《毛泽东选集》第1卷，人民出版社1991年版，第111—112页。
[2]《马克思恩格斯文集》第2卷，人民出版社2009年版，第44页。

现代化的历史之问：
我们究竟需要什么样的现代化？

产党充分发挥马克思主义对中国式现代化的指导作用，构造了引领中国式现代化的科学理论。作为用马克思主义武装起来的政党，中国共产党在中国式现代化道路的开辟与拓展的历史进程中，始终坚持将马克思主义作为"进一步研究的出发点和供这种研究使用的方法"①，推动了马克思主义从理论武器到物质力量的转化过程，成功实现了马克思主义科学理论的主动转化，构成了实现民族复兴、国家富强、人民幸福的强大力量，以此推动中国人民精神上由被动转为主动。精神上由被动转为主动，得益于马克思列宁主义的真理力量，根源于中国共产党的创造性转化。党的十八大以来，以习近平同志为核心的党中央不断深化对现代化，特别是对中国式现代化建设与发展规律的认识，在新的历史条件下推动了马克思主义理论的新的飞跃，为中国式现代化道路的新时代发展提供了坚实的理论基础。另一方面，中国共产党是领导开创和推进中国式现代化的核心领导力量。习近平总书记指出："现代化不是单选题。历史条件的多样性，决定了各国选择发展道路的多样性。"② 在推进现代化的历史进程中，中国共产党积极把握历史主动，利用各类历史条件探寻现实的可行的现代化发展道路，始终发挥着对现代化建设的国家治理、重大布局及各项事业的全面领导，是推进社会主义现代化事业的根本政治保障。实际上，现代化过程中的"非自然性"体现为"采取高效率的途径（其中包括可利用的传统因素），通过有计划地经济技术改造和学习世界先进，带动广泛的社会改革，以迅速赶上

---

① 《马克思恩格斯文集》第10卷，人民出版社2009年版，第691页。
② 习近平：《共同开创中阿关系的美好未来》，《人民日报》2016年1月22日。

先进工业国和适应现代世界环境的发展过程"①。中国共产党领导和推进现代化正是这种"非自然性"的生动体现，即在理论和实践双重维度上实现了社会主义高度的历史自觉。同时，以习近平同志为核心的党中央通过坚决斗争，推动了全面从严治党的深化，以坚决的自我革命破解治乱兴衰历史周期率。由此可见，党的全面领导与全面从严治党的深化，确保了社会主义历史自觉、历史自信、历史主动的发挥，以此充分展现了中国式现代化道路的社会主义本质属性与发展方向。

3. 以经济建设为中心是中国式现代化的必由之路

生产力发展水平是推动社会发展的最终决定性因素，人类社会的发展集中体现为先进生产力对于落后生产力的替代过程，生产力发展程度构成了衡量社会发展与进步的基础和标志。列宁指出，"无产阶级取得国家政权以后，它的最主要最根本的需要就是增加产品数量，大大提高社会生产力"②，以此"在经济方面也赶上并且超过先进国家"③。在社会主义与资本主义的竞争中，生产力发展水平既是竞争内容，也是衡量竞争的尺度。坚持以经济建设为中心正是体现了解放、发展和保护生产力的根本要求。回顾新中国成立初期的经济建设历史，虽然毛泽东已经提出"我们的根本任务已经由解放生产力变为在新的生产关系下保护和发展生产力"④的重要

---

① 罗荣渠：《现代化新论世界与中国的现代化进程》，商务印书馆2009年版，第17页。
② 《列宁选集》第4卷，人民出版社1995年版，第623页。
③ 《列宁选集》第3卷，人民出版社1995年版，第271页。
④ 《毛泽东文集》第7卷，人民出版社1999年版，第218页。

现代化的历史之问：
我们究竟需要什么样的现代化？

任务，形成了以经济建设为中心的理论，但是由于国际环境的变化和国内反右派斗争扩大化，未能坚持以经济建设为中心致使社会主义现代化建设遭遇了波折。改革开放后，基于对中国现代化探索历史的深刻把握，以邓小平同志为主要代表的中国共产党人提出"社会主义的任务很多，但根本一条就是发展生产力"[1]等重要观点，并在党和国家工作中正式确立以经济建设为中心的根本任务，把以经济建设为中心写入了党在社会主义初级阶段的基本路线，由此规定了中国式现代化道路的发展任务。由于我们党牢牢扭住以经济建设为中心的根本任务，改革开放以来才能创造出经济跃升的现代化发展奇迹。中国特色社会主义进入新时代，习近平总书记强调指出："只要国内外大势没有发生根本变化，坚持以经济建设为中心就不能也不应该改变。这是坚持党的基本路线100年不动摇的根本要求，也是解决当代中国一切问题的根本要求。"[2]新时代并没有改变以经济建设为中心的根本任务。但是，现代化发展的新变化对经济建设这个根本任务提出了一系列新要求，即在新的历史方位下明确了加快构建新发展格局、着力推动高质量发展等系列新任务，为推动经济高质量发展奠定基础。应当说，中国式现代化道路充分把握社会主义尽快发展生产力、代表生产力发展方向的根本要求，始终坚持以经济建设为中心的根本任务不动摇、不改变，同时又强调了以经济建设为中心的新要求、新变化，不仅把社会主义的生产力原则与主张贯彻在现代化发展历程中，客观上实现了生产力的快速增长和

---

[1]《邓小平文选》第3卷，人民出版社1993年版，第137页。
[2]《习近平谈治国理政》第1卷，外文出版社2018年版，第153页。

高度发展,更重要的是排除了各类因素对中国式现代化发展的干扰,牢牢抓住了社会主义现代化的逻辑主线,以社会主义运动的历史辩证法,成功将社会主义现代化推至新的历史高度。

4. 制度守正创新是中国式现代化的发展保证

人类历史已经证明,社会形态的演进突出地反映于制度更替,表现为一种制度对于另一种制度的取代,特别是反映先进生产力要求、代表着先进社会生产力发展方向的制度,对于已经成为生产力发展桎梏的落后制度的扬弃。要言之,社会主义对于先进生产力的要求集中于对先进生产关系的要求,即建立与先进生产力方向相一致的社会制度。当今时代,随着现代化发展的加速与深入进行,资本主义与社会主义之间的竞争集中体现为包括经济、政治、文化、军事、外交、意识形态等在内的各个方面的制度之间的较量。列宁在建设社会主义国家时便已强调,在完成无产阶级夺取政权的任务后,"必然要把创造高于资本主义的社会结构的根本任务提到首要地位"[1]。创造社会结构必然包括新型社会制度的构造,而制度建设直接反映了现代化发展类型或现代化发展格局。回顾历史,西方资本主义现代化的发展格局展现为"资本主义私有制+自由市场+分权型或集权型",苏联式社会主义现代化的发展格局展现为"社会主义公有制+计划指令与有限市场结合+集权型现代国家机构"[2]。中国式现代化道路坚持将无产阶级领导、生产资料社会所有制等社

---

[1] 《列宁选集》第3卷,人民出版社2012年版,第490页。

[2] 罗荣渠:《现代化新论世界与中国的现代化进程》,商务印书馆2009年版,第162—165页。

现代化的历史之问：
我们究竟需要什么样的现代化？

会主义制度原则与中国实践、时代特征相结合，在制度建设方面构建了厚植于中国历史文化传统、依据于马克思主义理论的中国特色社会主义制度，使得社会主义制度具有了鲜活的民族形态、中国形态、当代形态。具体而言，中国特色社会主义制度经历了从确立到逐渐完善，再到更加成熟、更加定型的发展历程，形成了包括根本制度、基本制度、重要制度在内的制度体系。其一，系列根本制度是"在中国特色社会主义制度中起顶层决定性、全域覆盖性、全局指导性作用的制度"[①]。其二，基本制度包括基本政治制度、基本经济制度，对国家经济社会发展发挥着重大影响。基本经济制度是各类社会经济关系中最基础的制度规定。中国式现代化道路，一方面坚持了科学社会主义关于所有制、分配制度、经济体制的基本经济原则，另一方面又实现了与时代要求、实践发展的充分结合，实现了经济制度的重大制度创新。其中，社会主义市场经济体制，既不是纵向上依靠行政命令配置资源组织生产的"指令性计划"，也不是横向上自发形成的"指导性计划"，而是以市场经济为基础的计划调节，即国家通过计划以市场为中介实现对经济活动的干预的创新型制度。这一基本经济制度，打破了资本主义与社会主义关于"市场与计划"关系的窠臼，不仅体现了社会主义制度的优越性，突出了社会主义制度的基本原则，又与我国现代化国家建设水平相适应。习近平总书记指出："在社会主义条件下发展市场经济，是我们党的一个伟大创举。我国经济发展获得巨大成功的一个关键因

---

① 《〈中共中央关于坚持和完善中国特色社会主义制度、推进国家治理体系和治理能力现代化若干重大问题的决定〉辅导读本》，人民出版社2019年版，第175页。

素，就是我们既发挥了市场经济的长处，又发挥了社会主义制度的优越性。"① 虽然都是社会主义现代化类型，中国式现代化与苏联式现代化制度的显著差异体现在基本经济制度上，特别是社会主义市场经济体制之中。社会主义市场经济这一制度创举，充分发挥了资本积极的历史作用，利用资本进行资源配置，成功实现了通过驾驭资本逻辑为中国式现代化的发展提供强大动力。其三，重要制度则是一系列由根本制度和基本制度派生而来的主体性制度，在经济、政治、文化、社会、生态、党的建设等多方面发挥着重要作用。总结而言，中国特色社会主义制度归根结底还是社会主义制度，在社会主义本质属性方面坚持了社会主义不变的基本要求，又以实践之变为依据推动了社会主义制度的时代变革，创造了世界现代化历史上未曾有过的现代化发展格局，以此实现"中国之制"到"中国之治"的充分转化。

三

中国式现代化对"现代化之问"的作答

习近平总书记在党的十九届六中全会第二次全体会议上强调

---

① 习近平：《不断开拓当代中国马克思主义政治经济学新境界》，《求是》2020年第16期。

指出，中国式现代化的伟大创举"破解了人类社会发展的诸多难题，摒弃了西方以资本为中心的现代化、两极分化的现代化、物质主义膨胀的现代化、对外扩张掠夺的现代化老路，拓展了发展中国家走向现代化的途径，为人类对更好社会制度的探索提供了中国方案"[①]。中国式现代化从三个方面展现了与西方现代化的逻辑差异，进而体现了面向未来的现代化发展逻辑。

（一）"以人民为中心"的现代化根本逻辑

与西方现代化的"以资本为中心"的现代化相比，中国式现代化中凸显了"以人民为中心"的现代化根本逻辑。马克思在对资本主义现代性的批判中已经指出，伴随着资本主义生产方式的确立，资本逐渐确立了在社会生活中"特殊的以太"的地位。资本逻辑天然具有扩张性、增殖性，不仅在横向上不断介入生产、流通、交换、消费等各个环节，而且以"普照的光"形式影响社会生活的其他领域，试图实现在政治领域、社会领域等方面的纵向扩张。就资本与现代化的关系而言，资本具有生产要素和社会关系的双重内涵，在追求剩余价值中创造了文明，即具有创造文明与价值增殖的双重作用，客观上表现为推动了生产力发展与现代化、开拓了世界市场，同时又无止境追求剩余价值。在此意义上，西方以资本为中心的现代化必然导致两极分化的现代化，造成资本与劳动者分裂为两极，也就是马克思所分析指出的"与工人相对立的财富世界也

---

① 习近平：《以史为鉴、开创未来，埋头苦干、勇毅前行》，《求是》2022年第1期。

作为与工人相异化的并统治着工人的世界以同样的程度扩大起来。与此相反，工人本身的贫穷、困苦和依附性也按同样的比例发展起来"①。这一基本逻辑在当代资本主义社会仍然得到集中体现。皮凯蒂曾概括指出："资本导致的不平等总比劳动导致的不平等更严重，资本所有权（及资本收入）的分配总比劳动收入的分配更为集中。"②西方国家"以资本为中心"的现代化发展道路必然导致分配不平等的产生。

　　与此形成鲜明对比，中国式现代化坚持"以人民为中心"的现代化根本逻辑。习近平总书记指出："我们党领导人民全面建设小康社会、进行改革开放和社会主义现代化建设的根本目的，就是要通过发展社会生产力，不断提高人民物质文化生活水平，促进人的全面发展。"③改善民生、共享发展，实现全体人民共同富裕，是社会主义的本质要求。社会主义性质的中国式现代化必然代表着人民的根本利益，实际强调人既是现代化建设的历史主体，又在现代化建设中追求以人民为中心的价值目标。第一，从现代化发展目标而言，中国式现代化坚持推动人的现代化、致力于实现人的全面发展。邓小平指出："社会主义现代化建设是我们当前最大的政治，因为它代表着人民的最大的利益、最根本的利益。"④中国式现代化以人民为中心的根本逻辑，实际表现为不断满足人民对美好生活的

---

①《马克思恩格斯文集》第8卷，人民出版社2009年版，第544页。
② 皮凯蒂：《21世纪资本论》，中信出版社2014年版，第248页。
③《习近平关于社会主义经济建设论述摘编》，中央文献出版社2017年版，第19页。
④《邓小平文选》第2卷，人民出版社1994年版，第163页。

现代化的历史之问：
我们究竟需要什么样的现代化？

需要，致力于推动每个人的自由全面发展。在新时代中国式现代化的语境中，以人民为中心的根本逻辑切实地表现为在高质量发展中追求全体人民共同富裕，即我国现代化"是全体人民共同富裕的现代化"①，在现代化建设进程中追求全体人民共同富裕。第二，从现代化发展动力而言，中国式现代化坚持发展依靠人民，激发最广大人民的积极性、主动性、创造性。中国式现代化确认了人的现代化与经济、政治、文化、社会、生态文明的发展内在关联、互为前提，肯定了人的能力与素质的提升对社会主义现代化建设的重要意义。习近平总书记指出，"现代化的本质是人的现代化"②。这实际肯定了人的现代化在现代化发展中的核心地位。第三，从现代化发展结果而言，中国式现代化坚持以人民为中心，推动人与物、人与精神、人与社会、人与自然以及人与劳动能力的发展。从人与物的关系来看，中国式现代化致力于在物质生产及其发展角度为人的全面发展奠定客观的物质基础；从人与精神的关系来看，中国式现代化不断推动人的精神境界的提高与升华，以实现人的现代化为目标；从人与社会的关系来看，中国式现代化通过实现权利公平、机会公平、规则公平，为每个人提供自我提升、平等参与、共享发展的条件；从人与自然的关系来看，中国式现代化以生态文明建设实现人与自然的"和解"，实现马克思所言"联合起来的生产者，将合理地调节他们和自然之间的物质变换，把它置于他们的共同控制之

---

① 习近平：《把握新发展阶段，贯彻新发展理念，构建新发展格局》，《求是》2021年第9期。

② 《十八大以来重要文献选编》（上），中央文献出版社2014年版，第594页。

下"①；从人与劳动能力的关系来看，中国式现代化致力于实现社会生产能力成为共同的社会财富，以此开辟每个人提升自我能力的广袤空间。习近平总书记指出："只有坚持以人民为中心的发展思想，坚持发展为了人民、发展依靠人民、发展成果由人民共享，才会有正确的发展观、现代化观。"② 以人民为中心的根本逻辑代表着中国式现代化的新型现代化观。

（二）"全面协调"的现代化发展逻辑

与西方现代化的"物质膨胀的现代化"相比，社会主义性质的中国式现代化展现出"全面协调"的现代化发展逻辑。在资本主义早期形成和发展历程中，物质膨胀、商品堆积便已是其明显特征。马克思在《资本论》第一卷第一章的开篇便已指出，"资本主义生产方式占统治地位的社会的财富，表现为'庞大的商品堆积'"③。资本主义商品不仅构成了马克思进行资本主义批判的逻辑起点，也是符合资本主义发展的历史起点。要言之，资本主义天然表现为大量商品的堆积。商品大量堆积的背后实际反映了资本主义绝对的生产过剩与需求的相对不足共存的局面。从生产角度而言，资本主义现代化发展中，科学技术的运用不断缩短着必要劳动时间，使得单位时间内生产了更多的商品，逐渐形成了商品生产过剩的局面。从

---

① 《马克思恩格斯文集》第7卷，人民出版社2009年版，第928—929页。
② 习近平：《握新发展阶段，贯彻新发展理念，构建新发展格局》，《求是》2021年第9期。
③ 《马克思恩格斯文集》第5卷，人民出版社2009年版，第47页。

消费角度而言，相对剩余价值的增加使生产的商品愈加便宜，而商品的廉价化意味着工人的劳动力再生产成本持续下降。工资水平直接限制了工人的消费能力，导致了实际上的消费相对不足。在此情况下，社会生产的极大扩张与工人消费需求持续萎缩相并行。不仅如此，商品表现社会财富在资本主义社会中导致了商品拜物教的产生，也就是人与人之间的关系被人与物之间的关系遮蔽造成了人对物的崇拜。随着资本主义生产关系的发展，商品拜物教还衍生出货币拜物教、资本拜物教，进一步引发了对物质、金钱的盲目追求，造就了被恩格斯批判为"仅仅为了炫耀自己而占用了许多劳动力的、无益的、简直是荒唐的浪费现象"[①]的"炫耀性消费"，它是形成物质膨胀的现代化的重要动因。

与此形成鲜明对比，中国式现代化坚持"全面协调"的现代化发展逻辑，追求的是全面发展、全面进步。

一方面，中国式现代化不以物质财富积累作为现代化唯一标准，将物质生产发展视为现代化重要基础的同时，统筹推进"五位一体"总体布局，协调推进"四个全面"战略布局。从总体布局来看，中国式现代化在其形成和发展历程中经历了从物质文明建设、精神文明建设的最初考量，到文化建设、社会建设纳入建设重要范畴，直至党的十八大最终形成了经济建设、政治建设、文化建设、社会建设和生态文明建设"五位一体"的总体布局。从战略布局来看，习近平总书记在党的十八大后逐步提出了全面建成小康社会、全面

---

① 《马克思恩格斯全集》第2卷，人民出版社1957年版，第610页。

深化改革、全面依法治国、全面从严治党的"四个全面"战略布局。伴随着第一个百年奋斗目标的实现,"全面建成小康社会"调整为"全面建设社会主义现代化国家",构成了中国式现代化的更高发展阶段,形成了不同于"小康式现代化"的高阶形态。"五位一体"总体布局突出了"一体"的重要性,指向了现代化建设各个领域的横向规划,侧重于解决"建设什么样的现代化"问题,实现了现代化的各领域成为一个整体;"四个全面"战略布局着眼于"全面"的重要性,指向了现代化建设任务的纵向展开,侧重于解决"怎样实现现代化"的问题,突出了现代化建设多层次的全面性。"五位一体"总体布局和"四个全面"战略布局密切联系,共同为实现中华民族伟大复兴战略目标、推动中国式现代化的发展提供指引与支撑,实际上克服了单纯以物为中心的现代化,强调了多个领域和丰富层次的现代化建设的全面性。

另一方面,中国式现代化强调把现代化建设各要素之和视为有机系统。马克思指出:"社会不是坚实的结晶体,而是一个能够变化并且经常处于变化过程中的有机体。"① 中国式现代化坚持马克思主义关于"社会有机体"理论,实际上强调了实现现代化必须坚持"人–社会–自然"的方法论,内在要求协调好人、社会与自然之间相互依存、相互制约、相互作用的本质关系。习近平总书记强调指出,我国现代化"是全体人民共同富裕的现代化,是物质文明和

---

① 《马克思恩格斯文集》第5卷,人民出版社2009年版,第10页。

精神文明相协调的现代化，是人与自然和谐共生的现代化"①。这一本质判断既是对推进现代化的社会系统的概括，也是对人与社会、人与自身、人与自然交互关系的澄明，由此指明了中国式现代化的"协调性"基本逻辑。在"协调性"逻辑的作用下，中国式现代化通过实施系列重大区域协调发展战略、促进基本公共服务均等化、推进以人为核心的新型城镇化与乡村振兴、持续推进生态文明建设等方式，不断提高现代化建设的平衡性、协调性、包容性。

（三）"共谋合作共赢"的现代化对外逻辑

与西方现代化的"对外扩张掠夺的现代化"相比，社会主义性质的中国式现代化彰显了"共谋合作共赢"的现代化对外逻辑。关于西方现代化道路的对外掠夺，马克思在《资本论》中对原始积累的分析已经充分展现。马克思通过资本积累理论的分析，指出了资本积累的内在矛盾，认为资本积累隐含着私有制背景下生产力与生产关系的潜在矛盾，特别是通过利润率下降的规律揭示了资本主义生产方式的内在矛盾。实际上，资本积累的动力驱使着资本主义在世界范围内进行扩张，内在要求通过时间和空间上的扩张阻止利润率下降。以马克思的再生产图式为反思的切入点，罗莎·卢森堡指出了资本主义制度必然要通过非资本主义经济实现剩余价值，分析了资本主义国家如何通过对向非资本主义国家转嫁矛盾来缓解危机，揭示了非资本主义国家被纳入资本主义经济体系的过程，以此

---

① 习近平：《把握新发展阶段，贯彻新发展理念，构建新发展格局》，《求是》2021年第9期。

探讨了资本拓展的外在限度。第二次世界大战后，资本主义现代化的进一步发展，并没有改变通过对外扩张与构建政治经济体系实现现代化的发展方式。希腊经济学家阿吉里·伊曼纽尔从马克思的劳动价值论与生产价格理论出发，考察了国际社会下的生产和贸易问题，指出了发达国家和不发达国家存在的不平等交换的现实，具体分析了不平等交换所带来的后果。在伊曼纽尔看来，世界范围内资本的自由流动保证了利润在国际上的平均化，但是工资存在着显著的地区差异，由此引发了发达国家通过不平等交换的方式对不发达国家剩余价值的转移，即富国对穷国的剥削。在此意义上，以资本为核心驱动力的西方现代化道路，必然导致对外扩张掠夺的现代化。

与此形成鲜明对比，中国式现代化坚持"共谋合作共赢"的现代化对外逻辑。

其一，深刻把握中国的现代化与世界的现代化的关系。从不变的方面来看，中国式现代化坚持了马克思主义关于"两个必然""两个决不会"的重要判断，承认在相当长时间内存在着社会主义性质的现代化与资本主义性质的现代化之间的合作与斗争，在世界历史的演变过程中推动社会主义现代化建设。从变化的方面来看，世界百年未有之大变局加速演进，两个大局同步交织、相互激荡，为我们提出了中国之问、世界之问、人民之问、时代之问，要求我们必须以历史主动性在积极回应世界大变局中为中国式现代化创造更多有利条件。

其二，正确处理具有不同制度、不同文明、不同意识形态国家

现代化的历史之问：
我们究竟需要什么样的现代化？

之间的关系。中国式现代化坚持推动人类命运共同体，"不是以一种制度代替另一种制度，不是以一种文明代替另一种文明，而是不同社会制度、不同意识形态、不同历史文化、不同发展水平的国家在国际事务中利益共生、权利共享、责任共担，形成共建美好世界的最大公约数"[①]。这是因为，世界各国乘坐在一条命运与共的大船上，在应对后现代化所带来的各类风险挑战时，必须同舟共济。任何单边主义、极端利己主义都是根本行不通的，没有国家能够完全置身事外。

其三，为推动全球现代化的发展贡献中国智慧与中国方案。当前世界经济领域的三大突出矛盾没有得到有效解决：全球增长动能不足，难以支撑世界经济持续稳定增长；全球经济治理滞后，难以适应世界经济新变化；全球发展失衡，难以满足人们对美好生活的期待。中国式现代化坚持通过改革破解前进中遇到的困难和挑战，勇于破除妨碍发展的体制机制障碍，不断解放和发展社会生产力，不断释放和增强社会活力，走出了一条高质量发展之路。这条道路是坚持创新驱动、打造富有活力的增长模式，也是坚持协同联动、打造开放共赢的合作模式，还是坚持与时俱进、打造公正合理的治理模式，更是坚持公平包容、打造平衡普惠的发展模式。在走近世界舞台中央时，中国式现代化坚持永不称霸、不搞侵略扩张，不认同并以事实打破了"国强必霸"的陈旧逻辑，为开放型世界经济发展提供了重要动力，展现大国担当，彰显大国风采，展现了超越西

---

① 习近平：《在中华人民共和国恢复联合国合法席位50周年纪念会议上的讲话》，《人民日报》2021年10月26日。

方国家崛起之路的崭新经济模式,为解决世界经济三大矛盾、处理平等收入与经济增长关系等贡献了中国智慧和中国方案。

"历史、现实、未来是相通的。历史是过去的现实,现实是未来的历史。"① 中国式现代化的历史、现实、未来也是相通的,其中一以贯之的主线就是社会主义性质及其基本逻辑,集中表现为社会主义本质属性与现代化的本质交融。习近平总书记强调指出:"当代中国的伟大社会变革,不是简单延续我国历史文化的母版,不是简单套用马克思主义经典作家设想的模板,不是其他国家社会主义实践的再版,也不是国外现代化发展的翻版,不可能找到现成的教科书。"② 在没有"现成的教科书"的情况下,中国式现代化牢牢坚持科学社会主义基本原则,走出了"传统社会主义"的思想与实践禁锢,把科学社会主义基本原则同中国具体实际、历史文化传统、时代要求紧密结合起来,深刻把握社会主义基本逻辑及其必然要求,以此实现了社会主义性质的中国式现代化的伟大创造。

---

① 《习近平谈治国理政》第1卷,外文出版社2018年版,第67页。

② 习近平:《在哲学社会科学工作座谈会上的讲话》,人民出版社2016年版,第21页。

第二章

现代化的时代之问：

政党应该如何引领和推动现代化？

CHAPTER 02

政党是国家现代化进程的主导型政治力量，是人类社会现代化的建设者、引导者、推动者。中国共产党作为马克思主义执政党，始终将建设社会主义现代化强国、实现中华民族伟大复兴作为历史使命，坚守人民至上理念、秉持独立自主原则、树立守正创新意识、弘扬立己达人精神、保持奋发有为姿态，团结带领亿万中国人民迈向实现中国式现代化的新征程，也为促进世界各国探索现代化路径提供了中国方案。

一

坚守人民至上理念，突出现代化方向的人民性

习近平总书记深刻指出："全面建成社会主义现代化强国，人民是决定性力量。"[①] 中国式现代化是社会主义性质的现代化，是一切为了人民、一切依靠人民的现代化。中国式现代化是人口规模巨大的现代化，这既是我国的基本国情，也是现代化的现实基础，14亿多人口蕴藏着新时代建设社会主义现代化强国、实现中华民族伟大复兴的磅礴力量，现代化的成果也必须由全体人民共同享有。这就要求我们党必须秉持以人民为中心的发展理念，坚持人民至上、紧紧依靠人民、不断造福人民、牢牢植根人民，始终与人民群众想在一起、干在一起，凝聚推进中国式现代化的磅礴伟力。

（一）坚定人民立场，始终将人民群众利益放在首位

共产党人在各个历史发展阶段都始终强调和坚持整个无产阶级共同的不分民族的利益。[②] 人民立场是中国共产党的根本政治立场，中国共产党自成立起就代表最广大人民群众的根本利益，没有任何自己的特殊利益，这是作为马克思主义政党显著区别于其他政党的

[①] 习近平：《在第十四届全国人民代表大会第一次会议上的讲话》，《人民日报》2023年3月14日。

[②] 《马克思恩格斯选集》第1卷，人民出版社2012年版，第413页。

标志。中国共产党始终重视人民群众的作用,始终坚持以人民为中心的发展思想,坚持为人民执政、依靠人民执政,做到发展为了人民、发展依靠人民、发展成果由人民共享。党的十九届六中全会上,习近平总书记指出"人民是党执政兴国的最大底气",并将"坚持人民至上"提升至"中国共产党百年奋斗的历史经验"的第二位①,现代化道路最终能否走得通、行得稳,关键要看是否坚持以人民为中心。

将人民群众利益放在首位不是一句口号、一句空话,而是体现在推进中国式现代化进程中,必须落实到国家政治和社会生活的方方面面。持续健全保障和支持人民当家作主的制度体系,推进人民代表大会制度理论和实践创新,保证人民群众依法有效行使管理国家事务的权利和自由,将公开征求意见作为人民群众直接参与国家立法的重要途径,充分发挥人大代表广泛联系群众、反映群众呼声的职能,做到民有所呼、我有所应。进入新时代以来的10年中,全国人大及其常委会共对217件次的法律草案向社会公开征求意见,总计收到120多万人次提出的380多万条意见建议。②民主是全人类的共同价值,也是衡量一个国家现代化程度的重要指标。党的十八大以来,我们党不断深化对民主政治发展规律的认识,坚持发展全过程人民民主,结合中国共产党领导的政治协商制度、民族区域自治制度、基层群众自治制度等基本政治

---

① 《中共中央关于党的百年奋斗重大历史成就和历史经验的决议》,人民出版社2021年版,第66页。

② 《人民代表大会制度更加成熟更加定型》,《人民日报》2022年6月30日。

制度，构建多样、畅通、有序的民主渠道，党治国理政的各项政策措施、党和国家机关各个层级的工作均以保障和实现人民当家作主为基本准则。

突出现代化的人民立场，本质上体现了人的现代化与我们党全心全意为人民服务根本宗旨的一致性。马克思主义认为，认识社会实践的主体，既能被社会现实所塑造，又能在推动社会进步中实现自身发展。在现代化的所有要素中，人是唯一的具有能动性的因素，人的现代化也有赖于社会现代化的实现，即社会创造现代化的人是通过人创造现代化的社会而实现的。现代化的本质是人的现代化，中国式现代化将人的全面发展置于现代化建设的首要位置，没有人的现代化，中国式现代化的实现就无从谈起，这具体体现在人的思想观念、思维方式、行为方式、生活方式实现从传统向现代的转变，最终实现人的自由而全面的发展。要以社会主义核心价值观为引领，凝聚中国式现代化建设的精神力量，使之转化为人民的价值认同和精神日常，抵御西方意识形态领域的渗透和攻击，将社会主义核心价值观融入教育全过程，坚持科教兴国、人才强国战略，培育担当民族复兴大任的时代新人，大力发展文化事业和文化产业，丰富人民群众精神世界，实现人的发展与社会发展双向互动。

（二）紧紧依靠人民，激发人民群众积极性主动性创造性

资本主义制度下的人是被异化了的人，资本以追求利润为唯一目的，而将劳动者置于被资本支配的客体地位。现代化的本质是人

的现代化，民心就是最大的政治，作为马克思主义政党的中国共产党，继承和发展了马克思主义人民观，将人民立场作为根本政治立场，始终坚持为了人民而发展、依靠人民而发展。中国式现代化是由中国共产党领导的、社会主义性质的现代化，是人民群众广泛参与现代化建设的伟大事业，人民群众既是历史的创造者，更是决定党和国家前途命运的根本力量。

改革开放后，中国共产党尊重人民群众主体地位，充分发挥人民群众首创精神，将家庭联产承包责任制度、开办乡镇企业、发展民营经济等人民群众自发尝试的成果和经验转化为党和国家政策，将人民群众的实践创新转化为制度创新，从高度集中的计划经济体制转向充满活力的社会主义市场经济体制。20世纪90年代，世界社会主义出现严重曲折和严峻挑战，中国"崩溃论""衰退论"等带有偏见的论调层出不穷，我们党依靠人民捍卫了中国特色社会主义，在1978年至2008年的30年间，我国实现了GDP年平均近10%的高速增长，抵御了世界性经济危机，用几十年时间走完了发达国家几百年走过的工业化历程。进入新时代，党团结带领人民，以"越是艰险越向前"的精神，打赢了人类历史上规模最大的脱贫攻坚战，历史性地解决了绝对贫困问题，持续保障和改善民生，全面建成了小康社会，统筹疫情防控和经济社会发展，成为2020年全球疫情下世界上唯一保持经济正增长的主要经济体，创造了人口大国成功走出疫情大流行的奇迹。

习近平总书记在党的二十大报告中深刻指出，团结奋斗是中国人民创造历史伟业的必由之路。进入全面建设社会主义现代化国家的新发展阶段，任务更加艰巨、局势更加复杂，离开了人民的团结奋斗，推进中国式现代化、实现中华民族伟大复兴就失去了动力源泉。要完整继承、发展马克思主义人民观，坚持以人民为中心推进现代化建设，将维护人民利益作为实现中国式现代化的出发点，凝聚人民力量并将其转化为实现现代化目标的不竭动力，以人民群众是否满意作为检验党和政府工作的根本依据。要尊重人民首创精神，中国共产党依靠人民由弱小走向强大，党的根基在人民、血脉在人民、力量在人民，应尊重人民群众实践经验，通过广泛开展调查研究，问政于民、问需于民、问策于民，将人民的实践创新转化为制度创新，营造鼓励创新创业的良好氛围，让人民群众的智慧和力量凝聚到实现中国式现代化的伟大事业中。历史经验反复证明，党的群众路线贯彻得好、执行得好，党和国家事业就会顺利发展，反之党和国家的事业就会受到损害，因而需要警惕脱离群众的风险，走好新时代党的群众路线，将群众路线与互联网这一新传播媒介紧密联系起来，更加便捷和广泛地联系群众，奠定实现中国式现代化的群众基础。

（三）始终为了人民，锚定人民群众对美好生活的向往

习近平总书记指出，"我们推动经济社会发展，归根到底是为了不断满足人民群众对美好生活的需要"[①]。我们党坚持把实现人民对美好生活的向往作为现代化建设的出发点和落脚点，人民

---

① 习近平：《坚持人民至上》，《求是》2022年第20期。

的需要是我们党工作的重心,也是推进中国式现代化的重点。中国共产党的最大政治优势体现在始终同人民群众保持着密切联系。我们党自成立之日起,团结带领人民进行革命、建设、改革,其根本目的就是为了让人民过上好日子。进入新时代,我们党明确了为中国人民谋幸福、为中华民族谋复兴的初心使命,这也是我们党带领全体人民推进中国式现代化进程的出发点和落脚点。

不同历史时期,不同发展阶段,中国共产党始终锚定人民需求和向往开展各项工作。新民主主义革命时期,我们党领导人民开展了艰苦卓绝的抗日战争和解放战争,推翻了帝国主义、封建主义、官僚资本主义的压迫,建立了新中国,这是锚定了广大人民群众对"站起来"的向往。新中国成立后,我们党领导人民完成了社会主义基本制度建设,推行改革开放,开展社会主义现代化建设,实现了一穷二白、人口众多的东方大国大步迈进社会主义社会的伟大飞跃,这是锚定了广大人民群众对"富起来""强起来"的向往。党的十八大以来,我们党领导人民打赢了人类历史上规模最大的脱贫攻坚战,9899万农村贫困人口全部脱贫,决胜全面建成小康社会,推进基本公共服务均等化,统筹疫情防控和经济社会发展,最大限度保障了人民生命安全和健康,2022年我国人均GDP达到12741美元,这是锚定了广大人民群众对美好生活的向往。

让人民生活幸福是"国之大者",现代化的实现不仅要看各项指标数据,更要关注人民群众的幸福安康。进入新发展阶段,人民对美好生活的向往有了更高期待，对创新社会治理提出了更高要求，必须加强和创新社会治理，推进社会治理现代化，构建全民共建共治共享的社会治理格局，比如，加强基础性和普惠性民生建设，从与人民群众息息相关的收入分配、教育、医疗、就业、社保保障等方面增进民生福祉，促进基本公共服务均等化，增强群众获得感、幸福感、安全感。发展社会主义先进文化，繁荣文化事业和文化产业，满足人民高质量、个性化的精神文化需求。同时，尽管我们已经取得了脱贫攻坚的全面胜利，但部分贫困问题尚未完全解决，新时代的贫困问题已由绝对贫困转为相对贫困，因而应在巩固脱贫攻坚成果的基础上，实现脱贫攻坚与乡村振兴的有效衔接，优化农村要素配置，加快实现农业农村现代化，推进以县域经济为载体的新型城镇化建设，促进农业产业发展和农民收入增长。

（四）着力造福人民，发展成果更多更公平惠及全体人民

党的百年奋斗开辟了正确道路，中国创造了经济快速发展和社会长期稳定的两大奇迹，成为世界第二大经济体、第一大工业国、第一大贸易国，2022年人均GDP达到中等偏上收入国家水平，发展成果举世瞩目。当前，我国已进入高质量发展阶段，发展的韧性好、潜力足、回旋空间大，但我们也应清醒认识到，我国仍处于并将长期处于社会主义初级阶段的基本国情没有变，人民日益增长的美好生活需要和不平衡不充分的发展之间的矛盾依然突出，如何在

更高层次、更高水平上做大发展的"蛋糕"的基础上,将高质量发展成果更多更公平惠及全体人民至关重要。党的二十大报告指出,要"着力维护和促进社会公平正义,着力促进全体人民共同富裕,坚决防止两极分化"①。实现全体人民共同富裕是中国特色社会主义的本质要求,彰显了中国式现代化的显著特征,贫穷不是社会主义,让人民过上好日子、实现共同富裕是中国共产党矢志不渝的奋斗目标。

共同富裕首先是一个发展问题,没有高质量发展,共同富裕就无从谈起。劳动必须与土地等物质资料结合起来才能创造财富,随着生产力的不断发展,资本、知识、技能、管理、数据等逐步成为重要生产要素,高质量发展则需要实现各个生产要素的合理配置和高效使用。这就要求市场和政府共同发挥作用。继续坚持和发展社会主义市场经济,既能发挥市场经济长处,又能发挥社会主义制度的优越性,将有效市场、有为政府和党的领导有机结合,激发各类市场主体参与高质量发展的积极性和主动性,使一切有利于社会生产力发展的积极要素有机结合;同时也可发挥政府强有力的调控和监督作用,引导经济发展向更多依靠科技进步和劳动者素质提高转变,以高质量发展成果奠定共同富裕的基础。

---

① 习近平:《高举中国特色社会主义伟大旗帜 为全面建设社会主义现代化国家而团结奋斗——在中国共产党第二十次全国代表大会上的报告》,人民出版社2022年版,第22页。

共同富裕其次也体现在"共同"二字上，它是全体人民富裕程度的提升，是人人参与、人人尽力、人人享有的富裕，一方面强调分配的公平正义，另一方面重视生产过程中的全体人民共同奋斗与共同责任。当前，亟须解决的便是收入分配问题，继续深化收入分配制度改革，完善初次分配制度，提高劳动报酬在初次分配中的比重，提高低端劳动者待遇，建立各行业工资正常增长机制，以缩小不同地区、行业、职业的收入差距，扩大中等收入群体规模。从社会整体利益高度出发合理调整再分配和第三次分配，比如，更加重视进城农民的劳动保障问题，鼓励民营企业为高价值劳动者提供股权激励等。同时，共同富裕是一项长期事业，长久困扰我们的城乡差距、区域差距、产业差距等问题依然存在，制约了以高质量发展实现共同富裕。在城乡发展不平衡方面，要加快农业转移人口市民化，破除不利于劳动力自由流动的壁垒和障碍，让进城农民获取足够在城市落户生活的收入和保障，推进城市有效反哺乡村，缩小城市和乡村在基础设施、教育、医疗、社会保障方面的差距，促进城乡公共资源分配公平。在区域发展不平衡方面，深入推进区域发展总体战略，用好京津冀、长三角、粤港澳、成渝经济圈等区域一体化发展战略，塑造区域发展产业优势，对于中、西部发展程度较为落后的地区，适当给予中央财政转移支付、发达地区对口帮扶等政策支持，夯实共同富裕的基础。

二

秉持独立自主原则，探索现代化道路的多样性

党的二十大报告提出，"中国式现代化，是中国共产党领导的社会主义现代化，既有各国现代化的共同特征，更有基于自己国情的中国特色"①。这表明中国式现代化道路是一条普遍性和特殊性相结合的现代化道路，既满足了现代化国家的普遍指标，如工业化、城市化、信息化、国际化等，也包括了中国式现代化在国情、社会条件、文化传统、历史进程等方面的特殊之处。正如习近平总书记指出的，"现代化不是少数国家的'专利品'，也不是非此即彼的'单选题'，不能搞简单的千篇一律、'复制粘贴'"②。现代化理论和制度安排不是普泛化的、西方化的，世界上也不存在放之四海而皆准的现代化"模板"，将西方发达国家已有的现代化经验生搬硬套至我国的现代化实践是不可取的。故此，中国式现代化道路的形成是理论与实践相结合的现实必然，包括中国在内的世界各国，在探索

---

① 习近平：《高举中国特色社会主义伟大旗帜　为全面建设社会主义现代化国家而团结奋斗——在中国共产党第二十次全国代表大会上的报告》，人民出版社2022年版，第22页。

② 习近平：《携手同行现代化之路——在中国共产党与世界政党高层对话会上的主旨讲话》，人民出版社2023年版，第3页。

实现现代化的路径过程中必须充分重视本国的特殊性,符合本国实际、适应本国国情。

(一)中国式现代化体现了世界现代化的一般规律

现代化是世界各国的普遍追求,也是从传统社会走向现代社会、从传统文明走向现代文明的必然选择。马克思将生产方式的变革作为划分时代的标准,认为工业革命"首次开创了世界历史",资本主义生产方式成为最先进的现代生产方式,西方资本主义国家自此打破了一切旧的、束缚生产力发展的桎梏,率先完成了资本积累进而建立了现代化国家,形成了盎格鲁-撒克逊模式、莱茵模式、北欧模式等具有代表性的、先发的西方现代化模式。

中国式现代化不是闭门造车、故步自封的现代化,而是吸收人类一切优秀文明成果而推进的现代化。近代以来中国现代化的不断推进也体现着世界各国现代化的共同特征,主要表现为生产力的提高、生产方式的变革、科技创新、制度创新、民众思想观念变革等。

其一,国家独立是现代化的基础。鸦片战争标志我国成为半殖民地半封建社会,国家主权的不完整导致现代化探索的举步维艰,中华人民共和国的成立为实现民族复兴和社会主义现代化创造了根本社会条件。

其二,经济社会的发展进步。现代化的发展只有"进行时"没有"完成时",它体现了一个国家在政治、经济、文化、社会、生态全方位向现代化转变,其中生产力的提高即物质文明的现代

化为首要动力。正如工业革命和技术革命推动了西方资本主义国家的现代化进程，世界各国追求的现代化都是建立在先进的经济发展水平上的，是国富民强的现代化。经济基础决定上层建筑，因而政治制度、社会结果、国家运行体系将随着经济水平的提高而不断完善，民主和法治成为构建现代文明国家制度体系的价值核心。

其三，社会生活的现代化。生产力和生产关系的变革，必然带来公民生产、消费、交往、文化、生活等方面的深刻变化，实现更高水平的现代化，还必将带来城市化水平提升、基础设施完善、人口素质提升、人口结构优化等积极变化，最终实现人类社会整体的现代化。

（二）中国式现代化是中国共产党对中国道路的探索

习近平总书记指出，"建设社会主义现代化国家、实现中华民族伟大复兴，是我们党孜孜以求的宏伟目标"[①]。不同于西方国家具有现代化的先发优势，我国是后发现代化国家，要实现对西方现代化国家的赶超，就不能跟随西方现代化国家的历史轨迹亦步亦趋。毛泽东曾讲，"认清中国的国情，乃是认清一切革命问题的基本的根据"[②]，强调了中国建设现代化国家必须适合本国国情的极端重要性。回溯历史，中国追求现代化道路的实践体现了中国共产党对中国道路的坚持和探索，中国共产党自成立之日起，就将为中国人民谋

---

① 《习近平谈治国理政》第3卷，外文出版社2020年版，第110页。
② 《毛泽东选集》第2卷，人民出版社1991年版，第633页。

现代化的时代之问：
政党应该如何引领和推动现代化？

幸福、为中华民族谋复兴作为自己的初心使命，团结带领中国人民推翻了"三座大山"，为我国建设现代化国家创造了根本社会条件，建设现代化国家的伟大愿景才得以确立。新中国成立后，中国共产党在探索现代化路径初期表现为对工业化的追求，没有工业化就没有现代化，进而确定了重工业优先发展的战略。1964—1965年第三届全国人大第一次会议提出了"四个现代化"的目标，即农业现代化、工业现代化、国防现代化、科学技术现代化。在中国共产党的带领下，我国用不到20年的时间基本建成了较为完整的工业体系和国民经济体系。1978年党的十一届三中全会胜利召开，党中央作出了"把全党工作的着重点和全国人民的注意力转移到社会主义现代化建设上来"的重大决定，邓小平提出"要适合中国情况，走出一条中国式的现代化道路"[①]，至此实现社会主义现代化成为全党、全国各族人民的中心任务和奋斗目标。20世纪末，世界社会主义运动遭遇逆流，东欧剧变、苏联解体的残酷现实加深了我们党对社会主义的理解，以及对社会主义国家实现现代化的理解，党的十三大提出了现代化建设"三步走"战略目标，绘就了在中华人民共和国成立100周年时"基本实现社会主义现代化"的宏伟蓝图，党的十七大报告将其深化为"建设富强民主文明和谐的社会主义现代化国家"，进一步丰富了社会主义国家现代化的内涵。

党的十八大召开标志着中国特色社会主义进入新时代，中国式

---

① 《邓小平文选》第2卷，人民出版社1994年版，第163页。

现代化建设进入新的历史时期,以习近平同志为核心的党中央在反思西方式现代化发展困境的基础上,结合百年来中国共产党带领全体人民探索中国现代化道路的实践经验,作出了"中国特色社会主义道路,是实现我国社会主义现代化的必由之路,是创造人民美好生活的必由之路"的重大论断。准确判断了新时代社会主要矛盾的转变,即人民日益增长的美好生活需要和不平衡不充分的发展之间的矛盾,将党的基本路线目标丰富为"把我国建设成为富强民主文明和谐美丽的社会主义现代化强国",提出了实现国家治理体系和治理能力现代化的新要求,明确了第二个百年奋斗目标,实现了坚持和探索中国道路向实现中国式现代化的升华。

(三)中国式现代化充分体现了现代化发展道路的多样性

中国式现代化具有鲜明的中国特色,是基于自身国情和对中国道路的探索而逐步形成的现代化模式,是一条独立自主、自力更生的现代化道路,彰显了现代化道路的多样性,为后发国家步入现代化提供了中国智慧和中国方案。

中国式现代化道路与西方现代化道路有着显著的区别:一方面,西方式现代化是以资本为中心的现代化,中国式现代化是以人民为中心的现代化。在西方国家实现现代化的历程中,贫富分化和社会差距被认为是可接受的、普遍的现象,劳动者收入增长速度低于资本收益增长速度,其现代化是少数人享有的"特权",导致"物质主义""金钱至上"横行,资本奴役、压迫和阶级分化问题长期不能解决。而中国式现代化的主体为全体人民,是全体人民共同享

现代化的时代之问：
政党应该如何引领和推动现代化？

有发展成果而非少数人独占发展成果的现代化，打破了资本对人的奴役，实现了对西方式现代化的超越。另一方面，西方发达国家是"串联式"的发展过程，按工业化、城镇化、农业现代化、信息化顺序发展，而中国式现代化则是一个"并联式"的发展过程，多种现代化进程协同发展，多重现代化目标同步实现；同时中国式现代化还是赶超型现代化，面临着与西方现代化国家不同的国际国内环境，仅用了40多年就取得了西方发达国家200多年才达到的发展成果。

党的二十大报告明确概括了中国式现代化是人口规模巨大的现代化、是全体人民共同富裕的现代化、是物质文明和精神文明相协调的现代化、是人与自然和谐共生的现代化、是走和平发展道路的现代化这五个方面的中国特色。

其一，拥有14亿多超大人口规模是中国式现代化的逻辑前提，这就意味着必须始终将人的现代化置于重要位置，充分利用人口规模巨大的优势，构建超大规模的国内市场，借助独立且齐全的工业生产体系，生产出丰富、优质、满足人民个性化需要的工业产品，最大限度释放国内居民消费潜力，协调好超大人口规模与有限资源环境之间的矛盾，加快培育高素质人才队伍，将"人口红利"转变为"人才红利"，推动经济社会发展实现质量变革、效率变革、动力变革。

其二，实现全体人民共同富裕，解决好发展不平衡不充分的问题是中国式现代化的应有之义，也是社会主义的本质要求，要从全球收入不平等、国家贫富分化、社会撕裂、民粹主义泛滥等西方资本主义现代化的弊端和后果出发，促进生产要素合理流动，缩小城

乡间、区域间、行业间差距，优化收入分配制度，扩大中等收入群体规模，避免陷入"中等收入陷阱"，提高对资本的驾驭能力，防范资本无序扩张而加剧社会不平等。

其三，推进中国式现代化要处理好物质文明和精神文明的关系，既要推动经济社会高质量发展，提高人民生活水平，更要繁荣社会主义先进文化，为人民群众提供更加多样的文化产品，增强人民群众的精神力量。

其四，促进人与自然和谐共生是对传统现代化"征服自然"的超越，体现了中国共产党既守护好绿水青山又发展好金山银山的理念和目标，探索将生态资源转化为经济效益的内生驱动力，构建绿色低碳循环发展的现代经济体系，持续推进美丽中国建设。

其五，中国式现代化彰显了和平发展、合作共赢的价值逻辑，显著区别于西方资本主义对外扩张掠夺的现代化，中国式现代化打破了"国强必霸"的逻辑，主张世界各国人民共享发展成果，积极构建人类命运共同体，为维护世界和平贡献中国力量。

（四）世界各国需立足自身国情探索本国现代化路径

西方国家由于其先发优势而率先实现现代化，并长久掌握着现代化话语权，标榜自己是世界各国实现现代化的"最优解"，代表着人类社会现代化的唯一标准，要求凡是与西方资本主义现代化不同的经济模式、制度体系、价值观念、文化传统等，必须彻底抛弃，将世界各国自主探索现代化道路与西方式现代化道路完全对立起来，甚至强迫其他国家移植和照搬西方式现代化模式。马克思在

现代化的时代之问：
政党应该如何引领和推动现代化？

研究东方社会结构、发展道路和规律的基础上，得出了东方社会可以实现不同于西方社会发展道路的重要结论，提出了跨越资本主义卡夫丁峡谷的重要理论。故现代化不等于"西方化""欧洲化""美国化"，西方国家的现代化是基于其经济基础、地理环境、政治传统、文化模式等综合因素而实现的，而各国尤其是发展中国家和欠发达国家的基本国情与西方资本主义国家大不相同，绝大多数照搬和移植西方资本主义国家现代化模式的发展中国家和欠发达国家均遭遇了各式各样的挑战和陷阱，而难以成功实现现代化。比如部分拉美地区国家如巴西、阿根廷、墨西哥等，独立后沿袭了西方殖民国家政治制度模式，尽管在初期取得了一定经济社会发展成果，在20世纪70年代前后达到中等收入国家水平，但随即深陷"中等收入陷阱"，失业率攀升、贫富差距扩大、社会矛盾激化、群众抗议活动频发等问题此起彼伏，通货膨胀和主权债务危机的恶性循环让上述国家现代化进程停滞。再如，苏联解体后，原有加盟共和国相继发生颜色革命，割裂了原本的统一国家，对当地经济发展和政治稳定带来了巨大威胁。

同时，近年来西方资本主义现代化国家正面临严峻危机，印证了西方资本主义国家现代化模式的历史局限性。2008年在世界范围内爆发了始于美国的金融危机，许多国家至今仍深受影响难以走出困境。美国先后爆发了"占领华尔街"运动、黑人抗议白人警察暴力执法的示威游行、冲击国会大厦事件等，英国发生"脱欧公投"的闹剧，希腊、西班牙、葡萄牙、意大利等欧洲国家发生主权债务危机，希腊甚至发展至国家破产的窘境。一系列证据证明了西方资

本主义现代化制度也不是完美的，以维护私有财产神圣不可侵犯的资产阶级根本利益为价值观，即以资本为中心的现代化，有其不可克服的历史局限性。资本主义现代化国家自身的危机也印证了西方化的现代化绝不具有"普适性"，生硬地将其照搬至他国必将导致"水土不服"，广大发展中国家和欠发达国家必须基于自身国情自主探索各具特色的现代化之路。

树立守正创新意识，保持现代化进程的持续性

当今世界百年未有之大变局加速演进，全球治理体系和国际格局加速调整，发展中国家综合力量大幅上升，以美国为首的发达国家综合实力和在国际事务中的影响力日渐衰落。风险挑战与发展机遇高度交织，全球不确定性显著增强成为世界各国推进现代化的重要背景和关键变量。依据最新发布的"全球不确定性指数"，全球发展的不确定性从2012年开始快速攀升，并于2020年新冠疫情流行期间达到最高值，给实现中国式现代化带来了新问题、新情况、新挑战。整体上，当前和今后一个时期，我国发展仍然处于重要战略机遇期，但机遇和挑战都有了新的发展变化，这就要求我们既要增强对风险和挑战的预测和应对能力，也要增强对机遇的识别和把

握能力。面对现代化进程中的不确定性，中国作为负责任的大国应努力成为世界和平的建设者、全球发展的贡献者、国际秩序的维护者。

（一）发挥政党在推进本国现代化中的主导作用

习近平总书记指出："面对现代化进程中遇到的各种新问题新情况新挑战，政党要敢于担当、勇于作为。"[1] 执政党建设和现代化国家建设互为表里，二者在良性互动中相互塑造，一个先进的、与时俱进的、充满活力的政党才能在纷繁复杂的历史潮流中屹立，停顿和倒退是没有出路的，故步自封、思想僵化的政党必将被时代淘汰。现代化催生了政党政治，政党政治主导现代化[2]，政党作为现代化的引领和推动力量，有责任和义务发挥自身在推进本国现代化进程中的积极作用，为世界现代化注入源源不断的强大活力。

世界各国现代化经验证明了，那些成功迈入现代化阶段且能够长久保持现代化发展水平的国家，均有一个强大的政党和政治体系作为保障，政党力量的强大与否对于一国的现代化进程具有显著的影响。反之，历史上也曾经有一些老牌执政党满足于以往的执政成就，拘泥于固有的管理经验，因而逐渐衰败落伍以致丢权垮台，国家也随之陷入发展危机。一些发展中国家和新兴国家，由于缺乏强

---

[1] 习近平：《携手同行现代化之路——在中国共产党与世界政党高层对话会上的主旨讲话》，人民出版社2023年版，第3页。

[2] 王韶兴：《现代化进程中的中国社会主义政党政治》，《中国社会科学》2019年第6期。

有力的政党领导,导致治理体制不完善、治理效能低下,国内党派林立、政局混乱、政权更迭,难以开启现代化进程。由此可见政党在实现本国现代化目标中的重要作用。特别是后发现代化国家,由于现代化起步较晚,法律制度、市场经济、治理体系等还不够完善,更加需要具有强大动员力的执政党以整合社会力量、避免利益冲突。如果政党不具备构筑适应社会现代化变迁所需要的制度和秩序的能力,不具备实现社会现代化变迁的理论基础、价值理念、领导水平、治理能力等,将会在一定程度上削弱国家发展的能力,阻碍本国现代化进程。

中国式现代化是中国共产党领导的社会主义的现代化,中国共产党作为具有崇高情怀和历史远见的负责任大党,主导着我国现代化进程。中国共产党依托强大的组织动员力,领导中国人民取得了新民主主义革命的胜利、建立了新中国,为现代化国家的建设奠定了基本的社会基础和制度框架,成为我国经济社会发展和制度建设的核心领导力量,并长期承担着推动现代化进程、直接参与社会治理、提供政策供给、协调和凝聚多方利益、确保社会稳定、推动经济社会转型的重大历史使命。面对实现中国式现代化的新的目标挑战,我们党更需要坚持与时俱进,发扬斗争精神,在领导社会主义现代化进程中实现党的自身现代化,将长期执政的马克思主义政党的优势与现代化国家建设有机结合,一体化推进党的理论体系和思维的现代化、领导方式和执政水平的现代化、组织体系和执政队伍的现代化,增强党全面领导和长期执政的能力,提升应对国内外可能存在的各种风险和挑战的能力,勇于冲破思想观念束缚，破除体制机制弊端，成为推进中国式现代化的坚强力量。

（二）继续推进现代化理论和实践的创新与突破

中国式现代化既体现了现代化理论的创新，打破了现代化就是西方化的惯常思维，又体现了后发现代化国家努力建设现代化国家的实践创新，拓展了发展中国家走向现代化的途径。

其一，中国式现代化是马克思主义中国化的最新成果，"中国共产党为什么能，中国特色社会主义为什么好，归根到底是马克思主义行，是中国化时代化的马克思主义行"[①]。马克思主义揭示了西方式现代化发展的不可持续性和难以调和的矛盾，中国共产党始终以马克思主义为指导，超越了西方现代化以资本为中心的发展逻辑，将马克思主义基本原理与中国具体实际相结合、与中华优秀传统文化相结合，提出并不断优化社会主义现代化方案，实现马克思主义中国化的新突破。

其二，中国式现代化理论体现了对西方资本主义现代化理论的批判和超越，自觉规避西方现代化模式已被普遍认识到的缺陷，实现了现代化理论的丰富和创新。例如，中国式现代化是"全体人民共同富裕的现代化"而超越了西方"少数人的现代化"的模式，将人民群众对美好生活的向往作为现代化的终极目标，科学处理发展

---

① 习近平：《高举中国特色社会主义伟大旗帜　为全面建设社会主义现代化国家而团结奋斗——在中国共产党第二十次全国代表大会上的报告》，人民出版社2022年版，第16页。

速度与发展质量的关系，继续推进乡村振兴、倡导共同富裕、共享发展成果，将"以人民为中心""一个也不能少"的价值追求融入现代化建设进程；再如，中国式现代化是"走和平发展道路的现代化"而超越了西方殖民、侵略、掠夺的现代化，西方现代化的实现是建立在对其他民族的资源掠夺和经济剥削的基础上的，而中国式现代化的发展具有典型的内源性特征，破除了"国强必霸"的西方现代化老路。

其三，中国式现代化理论集中体现在习近平新时代中国特色社会主义思想之中，具体体现在实现中华民族伟大复兴的愿景，推进"五位一体"总体布局和"四个全面"战略布局，中国式现代化的五个基本特征等方面。

面对当前国内外错综复杂的发展形势，我们党在保持高度政治定力和战略定力的前提下继续推进中国式现代化的理论和实践创新。立足新发展阶段，构建以国内大循环为主体、国内国际双循环相互促进的新发展格局，加强科技创新以解决科学技术"卡脖子"问题，增强发展的内生动力。持续深化以人民为中心的发展理念，提升中国式现代化的均衡性、系统性，提高发展质量，缩小城乡差距、地区差距、行业差距、群体差距等，补齐中国式现代化的短板弱项。增强应对可能存在的"黑天鹅"和"灰犀牛"事件的能力，聚焦新发展阶段现代化重大问题和突出特征，及时调整政策方针，面对可能潜在的困难与挑战，发挥斗争精神，敢于斗争、善于斗争，在不确定的国内外背景下发挥主心骨作用，寻求科学、平稳实现中国式现代化的路径和方法。

(三)与世界各国共同构建更加公正合理的国际新秩序

西方国家借助其率先实现现代化的优势,塑造了"东方从属于西方"的中心-边缘结构,宣扬"中心论""依附论""优越论"等带有霸权主义色彩的世界格局理论,长期将广大发展中国家和落后国家排斥在国际事务之外。随着殖民地独立、民族国家的建立和发展中国家综合国力的不断提升,西方发达国家主导的国际秩序逐渐崩溃,亟待构建符合全世界人民共同利益的、平等有序的国际新秩序。

构建有益于世界各国推进本国现代化的国际新秩序,首先要维护世界和平稳定。中华民族在绵延五千多年的历史长河中,恪守"天人合一、以和为贵""和谐万邦、兼济天下"的理念,中国也从来没有侵略他国、殖民他国的历史,中国共产党在领导全体人民推进中国式现代化的进程中,继承和发扬中华优秀传统文化的和平基因,坚定奉行独立自主和平外交政策,始终是世界和平与稳定的倡导者和坚定维护者。党的二十大报告指出,和平、发展、合作、共赢的历史潮流不可阻挡。中国式现代化是和平发展的现代化,始终尊重不同民族和国家之间的发展差距,致力于与世界各国建立平等互利的合作关系,不因国家发展水平的不同而差异对待。面对部分国家的领土争端、宗教差异、区域冲突,中国高举和平、发展、合作、共赢的旗帜,倡导以对话协商化解分歧、解决争端,实现以世界和平促进自身发展,用自身发展维护世界和平的良性互动。

中国主动参与全球治理体系改革和建设,在构建公平合理国际新秩序方面贡献积极力量。近年来，主要发达国家贸易保护主义抬头，但经济全球化的大势不可逆转，我们应勇于抓住人工智能、大数据、移动互联网等新兴技术带来的历史机遇，集中精力攻克科学技术"卡脖子"问题，塑造中国国际竞争新优势。我们倡导世界各国共同参与全球治理，摒弃"一国独霸""几方共治"的旧秩序，尊重各个国家发展程度、社会制度、历史文化等方面差异，构建具有更高兼容性和包容性的全球治理体系，在贫富差距、粮食安全、流行病蔓延、气候变暖、恐怖主义等全球性问题上加强协同合作，为世界人民谋求福祉。坚持真正的多边主义，推动区域协调发展，发挥二十国集团、金砖国家、区域全面经济伙伴关系协定（RCEP）等多边机制的积极作用，履行大国的应有国际责任。

四

弘扬立己达人精神，增强现代化成果的普惠性

当今世界正经历百年未有之大变局，人类社会现代化进程再次来到历史的十字路口，由于各国政治、经济、文化、意识形态等方面的不同，国家间交往的不稳定和不确定性因素增加，旧有的国际秩序面临深度调整，地区冲突、人道主义危机、恐怖主义袭击等新的挑战层出不穷。但无论世界局势发生何种变化，和平与发展的时

代主题仍旧未变,国际社会对稳定、和谐、公平正义的呼声更加强烈。此时,更加需要各国政党积极担负起缓和矛盾争端、促进全球文明交流互鉴、推进人类社会现代化的使命任务。

(一)推动人类文明交流互鉴,倡导各国探索本国现代化模式

现代化最先在西方国家开始,将人类文明由农业文明推向工业文明和现代化文明,但这种文明是建立在殖民扩张、血腥贸易、压榨劳动者剩余价值的资本主义罪恶的财富积累基础上的,是以资本为中心的现代化文明形态。它让生产要素充分聚集,却不可避免资本的无序扩张;它创造了大量的物质财富,却造成了愈发极端的贫富差距;它冲破了宗教对人的束缚,却用金钱将劳动者奴役起来;它让社会生产率迅速提高,却对生态环境造成了巨大破坏……因而资本主义制度下的现代化文明带有非正义性、是不可持续的,甚至将引发国际冲突和战争,也就不可能是现代化文明的绝对代表。

同时,人类追求发展进步的历史,反映了人类追求和构建先进文明、推动文明逻辑不断演进的价值目标。由于不同地区自然地理条件不同,原住民的生产生活方式带有显著差别,经过人类社会的代代更迭、互相交流、实践创新,铸就了多样化的世界文明,近代以来,各民族国家对实现本国现代化路径的探索,更加丰富了世界现代化文明。如果按照西方现代化国家"文明中心论""普世价值论"的逻辑,将自身的"先进文明"强加在其他国家的所谓"落后文明"之上,或者取代之,无异于削足适履,甚至可能引发世界性的文明冲突。

与西方资本主义国家现代化文明不同的是，中国式现代化是开放包容的现代化。中华民族现代文明源于中国源远流长的历史文化积淀，是世界现代化文明的组成部分，善于以高度的文化自信吸收借鉴人类文明的一切优秀成果。新中国成立初期，我们借鉴苏联实施计划经济、集中资源优先发展重工业的现代化发展经验；改革开放后，我们则又借鉴了西方资本主义国家市场经济发展经验，建立了社会主义市场经济体制。也正是由于我们党积极吸取他国现代化养分，将马克思主义与中国具体实际相结合，中国才得以用几十年就走完了西方现代化国家几百年的工业化道路。中国既不封闭守旧也不照抄照搬，探索形成了独特的中华民族现代文明，充分证明了只有推动人类文明交流互鉴，尊重世界各国自主探索适合本国的现代化路径的实践，才能促进世界现代化文明的发展与繁荣。

习近平总书记指出，任何国家追求现代化，都应该秉持团结合作、共同发展的理念，走共建共享共赢之路。我们党向世界发出全球文明倡议，呼吁世界各国政党共同倡导人类文明多样性、弘扬全人类共同价值，倡导重视文明传承和创新，倡导加强国际人民交流和合作，各国在尊重彼此核心利益和文化多样性的基础上广泛开展交流互鉴和人文往来，共同推进人类文明发展进步，彻底摒弃旧有的、单一的带有霸权主义意识形态的西方现代化模式的糟粕，世界现代化进程将更加通畅，人类现代化文明前景将更加光明。

（二）为广大发展中国家实现现代化提供中国方案

中国式现代化与世界现代化相互促进、互为表里。中国共产党

现代化的时代之问：
政党应该如何引领和推动现代化？

在带领本国人民探索现代化道路过程中，始终承担着全球发展贡献者的角色，在发展自己的同时谋求世界各国的共同繁荣，通过自身发展为世界创造更多发展机遇。

实现现代化是世界各国特别是广大发展中国家的共同追求。冷战时期，世界被划分为以苏联为首的社会主义阵营和以美国为首的资本主义阵营，实现国家现代化也被划分为两条路径。但苏联解体后，世界社会主义遭遇逆流，许多发展中国家纷纷倒入资本主义阵营而全盘引入西方资本主义现代化模式，放弃了对适合本国的现代化路径的探索。但事实是，这些国家或是经历了现代化的"昙花一现"，或是完全没有成功实现现代化，甚至部分国家出现了经济社会发展的倒退，引发了经济危机、社会危机、政治危机，而不得不依附于西方发达国家以维持国家运转。

西方现代化模式并非唯一正确，中国探索出了一条基于本国国情的社会主义现代化道路，打破了边缘国家（发展中国家）必须依附中心国家（西方发达国家）才能得以发展的"依附理论"。中国在短短几十年内实现了快速发展，在理念和制度上都实现了对西方资本主义现代化模式的超越。中国式现代化为世界上那些既希望加快发展又希望保持自身独立性的国家和民族提供了新的思索源泉，充分证明了发展中国家将劣势转化为后发优势，实现"弯道超车"的极高可能性，鼓舞了发展中国家实现现代化的决心和信心。

中国倡导世界各国携手共建"人类命运共同体"，凝聚世界各国价值共识和行动共识。人类处于一个相互依存又相互竞争的国际社会中，各国是利益共同体、价值共同体、安全共同体、行动联合

体,每一个国家在追求本国利益的同时也要兼顾他国的合理关切,在谋求本国发展中促进世界各国共同发展。"吹灭别人的灯,并不会让自己更加光明;阻挡别人的路,也不会让自己行得更远。"世界各国都有独立自主探索本国发展道路的权利,率先实现现代化的国家应更多给予发展中国家力所能及的帮助,而非固守冷战和零和博弈思维,通过经济制裁、干涉内政、意识形态渗透等形式打压发展势头强劲的后发现代化国家。中国式现代化则提供了世界各国共同繁荣、共同发展的新思路。我们要以世界各国的共同利益为着力点,培育全人类共同价值,无论是何种制度、地域、宗教、种族,都是命运与共、利益相连的整体,在事关人类发展利益、共同生存的重大问题中,应通力合作、共同参与,在偶发地区性冲突矛盾时,应坚持对话协商、搁置争议、谋求发展。同时,共同建设更加公平公正的全球治理体系,将人类共同利益和世界普遍诉求放在首位,彻底摒弃西方资本主义国家"本国优先"的狭隘观念。

(三)坚定不移推进对外开放,与世界各国共享发展机遇

对外开放为中国实现现代化提供了广阔空间,2001年中国正式加入世界贸易组织,借助对外开放的发展机遇实现了连续多年的经济增长奇迹。面对近年来全球化逆流、影响深远的世纪疫情、疲软的世界经济,我国并未如西方发达国家迅速收紧对外政策,而是持续扩大金融、电信、建筑、分销、旅游、交通等服务业领域开放,积极改善和优化外商投资环境,充分说明了中国开放的大门永远不会关闭,只会越开越大。

现代化的时代之问：
政党应该如何引领和推动现代化？

我国持续不断扩大对外开放，既能发展自己，也造福了世界，有助于共同做大人类现代化的"蛋糕"。我国已成为140多个国家和地区的主要贸易伙伴，货物贸易总额、利用外资规模、对外投资规模均居于世界前列，先后缩减了31项外资准入负面清单，在全国建设了21个自贸试验区。我国敞开对外开放的怀抱，欢迎世界各国在中国投资兴业，共享我国改革发展机遇，2020年我国开放指数世界排名由第47位跃升至第39位。作为世界最大的发展中国家和最具影响力的新兴大国，我国参与构建了区域全面经济合作伙伴关系协定（RCEP）、亚太经合组织（APEC）等，与151个国家和32个国际组织签署了200多份合作文件，以共商共建共享的建设方式推动新型发展合作，致力于以开放合作促进世界各国共同发展。我国倡导并建立了"一带一路"合作，在"一带一路"沿线国家承建了多个标志性项目，带动合作国家经济发展，也为当地人民带来实实在在的获得感。

未来全球经济发展将更多取决于发展中国家，中国作为负责任的发展中大国，应与广大发展中国家共享发展机遇、实现互利共赢。比如，推动"一带一路"合作，将国际贸易的增长点聚集至"一带一路"沿线国家，重点推进规则和机制方面的"软件"建设，扫除意识形态、宗教信仰差异对于推进合作的障碍，将"一带一路"建设成为产业协作、共同发展的国际化平台，带动更多发展中国家参与国际合作，加快本国现代化建设。再如，倡导共商共建共享的全球治理体系。中国始终倡导"弘扬和平、发展、公平、正义、民主、自由的全人类共同价值"，在各国互相交往合作时，倡导秉持合作共赢的理念，与世界各主要经济体在维护共同利益的同时求同存异、消除冲

突，让人类文明共同体成为重建全球治理共同价值理念，减少集团政治、阵营对抗、冷战思维对发展中国家追求现代化的阻碍。

五

保持奋发有为姿态，确保现代化领导的坚定性

中国式现代化是党领导全体人民拼出来、干出来、奋斗出来的。现代化建设是一个艰难曲折的过程，特别是对于后发现代化国家，拥有强有力的政党以领导本国现代化朝正确方向推进至关重要。但不容忽视的是，许多国家的政党正面临价值理念落后、领导力不足、治理效能低下、精气神不足、意志力薄弱等问题，导致社会动荡、政局混乱、现代化建设难以为继，故增强现代化领导的坚定性成为世界各国政党的必修课。

（一）坚持和加强中国共产党对中国式现代化的领导

中国共产党100多年来团结带领中国人民追求民族复兴的历史，就是一部不断探索现代化道路的历史，历代党的领导核心先后将现代化建设作为主要工作之一。从"工业、农业、交通运输业和国防的现代化"，到"四个现代化"，再到"走出一条中国式的现代化道路"，中国共产党不断开辟着中国特色社会主义现代化道路的新境

现代化的时代之问：
政党应该如何引领和推动现代化？

界。我国建立起了独立的、比较完整的工业体系和国民经济体系，实现了从生产力相对落后状况到经济总量跃居世界第二的历史性突破。党的十八大以来，以习近平同志为核心的党中央将中国现代化进程推进到新的历史阶段，"五位一体"总体布局、"四个全面"战略布局、推进国家治理体系和治理能力现代化，擘画实现中国式现代化的宏伟蓝图。

党的领导决定了中国式现代化的根本性质。党的二十大将"坚持和加强党的全面领导"置于全面建设社会主义现代化国家前进道路上必须牢牢把握的五项重大原则的首位。作为世界上最大的发展中国家，我们正在经历广泛而深刻的社会变革，我们面临的国内外风险和挑战依旧层出不穷。只有持续坚持和加强党的领导，才能"确保我国社会主义现代化建设的正确方向"，确保现代化进程不偏离方向、丧失灵魂，才能保证建设社会主义现代化国家、实现中华民族伟大复兴目标的顺利实现。

党的领导汇聚了实现中国式现代化的强劲动力。党的二十大报告指出："全面建设社会主义现代化国家、全面推进中华民族伟大复兴，关键在党。"追求现代化是我们党矢志不渝的目标，不同发展阶段的经济基础、社会状况、国际局势等均呈现出不同的特征，因而我们党坚持实事求是、与时俱进，适时调整工作方式和路线。比如，在党的领导下不断更新优化治理体系，在已经形成了横向到边、纵向到底的比较完备的政府行政体系的基础上，提出推进治理水平和治理能力现代化，让治理体系与现代化目标高度契合。再如，我们党善于将长期、中期规划与短期战略相结合，始终强调我国处于并将长期处于社会主义初级阶段的基本国情长久不变,提出了至2035年基本实现现代化、至本世纪中叶把我国建设成为富强民主文明和谐美丽的社会主义现代化强国的中期规划,并在短期内设置五年规划,让党领导下建设现代化国家的每一步都扎扎实实,走出成效。

(二)发扬历史主动精神,推进中国式现代化行稳致远

政党的精神风貌对一国现代化力量的凝聚至关重要。我国从积贫积弱、一穷二白发展至国内生产总值位居世界第二的东方大国,是中国共产党将全体人民动员起来,以"不积跬步,无以至千里"的决心干出来的、奋斗出来的,展现了中国共产党历史主动精神的价值回归。当前,我国经济社会发展已进入高质量发展阶段,推进中国式现代化的条件发生了深刻变革,要求我们党科学辨别历史方位、主动抢抓历史机遇、自觉担负使命担当,以更加强烈的历史主动精神推进党和国家各项工作,确保中国式现代化行稳致远。

要发扬斗争精神,以高质量发展推进中国式现代化。习近平总书记在党的二十大报告中明确指出,高质量发展是全面建设社会主义现代化国家的首要任务。没有坚实的物质保障就难以实现中国式现代化目标。

其一,要统筹好发展质量和发展速度的关系。高质量发展并非将发展速度和发展质量对立起来,高质量发展战略也并非对高速发展战略的否定,我们既要求适当的发展速度,为中国式现代化推进

奠定物质基础，也应注意解决好发展的不平衡、不充分问题，追求更高发展质量和效益。

其二，要实现高水平科技自立自强，发挥新型举国体制优势，集中精力解决科学技术"卡脖子"问题。科技创新是推进中国式现代化的最强引擎，必须将发展的主动权掌握在自己手里，要将发展动力由要素驱动、投资驱动转向创新驱动，推动产学研深度融合，集聚力量进行原创性、引领性科技攻关，在重点领域、关键环节实现自主可控，推动创新链、产业链、资金链、人才链深度融合。

其三，持续推进党的自我革命，提高执政水平和执政能力。能够"经常自我批判"是无产阶级革命与其他任何革命的区别之一，勇于自我革命也是新时代坚持和发扬中国特色社会主义的必然要求。要发扬斗争精神、增强斗争本领，确保党在领导人民推进中国式现代化建设中始终保持昂扬的战斗精神和坚强的凝聚能力。与时俱进创新党的领导方法，提高党把方向、谋大局、定政策、促改革的能力，确保中国式现代化始终沿着正确方向前进。

（三）讲好中国故事，构建中国式现代化的国际话语体系

长期以来，西方资本主义现代化国家由于其器物上的优势而长期掌握着对现代化道路的解释权，控制着国际舆论传播的主导权。随着我国经济社会发展水平的提升，我国的国际地位和国际话语权得到了一定程度的提升，但"西强东弱"的国际舆论局势仍未改变，我国长期在国际舆论上呈现"失语"态势，这与我国改革开放以来取得的巨大发展成就严重不符。习近平总书记指出中国式现代

化"创造了人类文明新形态"①,打破了现代化等于西方化的刻板印象,如何将中国式现代化的价值理念向世界讲清楚,如何将中华民族团结奋斗的历史故事向世界传播开来,展示可信、可爱、可敬的中国形象成为当前我们党需要高度重视的重要课题之一。

中国式现代化的话语体系来源于中国特色社会主义的伟大实践,源于中国共产党100多年来团结带领广大人民群众进行革命、建设、改革的成果,是马克思主义基本原理与中国具体实际相结合的最新理论成果。鸦片战争后,洋务运动、戊戌变法、新民主主义革命均以失败告终,验证了西方的现代化道路在中国是行不通的,直至马克思主义传入中国后中国共产党的诞生,使中国的革命力量"焕然一新"。我们党带领全国各族人民推翻了"三座大山"、建立了中国特色社会主义制度体系,走出了一条他国从未走过的现代化道路,形成了"以人民为中心""共同富裕""共享发展成果"的中国式现代化的主题叙事。中国特色社会主义的伟大实践为中国式现代化国际话语体系的构建提供了沃土,而要讲清楚我们之所以能够取得举世瞩目成就的原因、经验、理论,也要求提高我国国际传播能力。

部分西方资本主义国家对于我国的污名化宣传层出不穷,长此以往必将造成国际社会对我国现代化建设的误解和质疑,对我国国际形象产生更大负面影响。

其一,构建中国式现代化的国际话语体系必须坚持马克思主义在意识形态领域的领导地位,坚持党管宣传、党管意识形态,发挥

---

① 习近平:《在庆祝中国共产党成立100周年大会上的讲话》,人民出版社2021年版,第14页。

党在话语体系建构中的领导者、开创者、推动者的作用,保证中国式现代化国际话语体系构建始终沿着正确方向进行。特别是要将中国式现代化的显著优势总结好,比如,坚持"以人民为中心的现代化"彰显了全人类的共同价值,实现了以资本为中心的现代化向以人为本的逻辑转变;再如,实现"全体人民共同富裕的现代化",源于中华民族五千多年来对小康生活、公平正义的历史文化积淀,有助于赢得世界各国人民的认同。

其二,构建中国式现代化的国际话语体系必须凸显中国式现代化的显著特点,我们党在长期奋斗中形成了丰硕的理论成果,实现了马克思主义中国化的三次历史性飞跃,要将上述理论成果融入中国式现代化的对外宣传中,体现我们党以理论自觉摆脱西方现代化主流叙事的枷锁,对"中国崩溃论""中国威胁论"等敢于亮剑、主动发声,用创新理论和鲜活例证驳斥一切试图抹黑中国的言论。

其三,构建中国式现代化的国际话语体系必须增强主流媒体国际传播能力,构建多元立体的传播渠道,主动适应信息化时代互联网和新兴媒体的传播体系,在加强新闻宣传和舆论引导的基础上,以纪录片、微电影及跨国文化活动等,向国外传递中国现代化的主要成就和价值体系,增强国际社会对中国式现代化话语体系的理解和认同。

第三章

现代化的理论之问：

为什么说中国式现代化创造了人类文明新形态？

CHAPTER 03

习近平总书记在庆祝中国共产党成立100周年大会上的讲话中指出："我们坚持和发展中国特色社会主义，推动物质文明、政治文明、精神文明、社会文明、生态文明协调发展，创造了中国式现代化新道路，创造了人类文明新形态。"党的十九届六中全会通过的《中共中央关于党的百年奋斗重大成就和历史经验的决议》再次肯定："党领导人民成功走出中国式现代化道路，创造了人类文明新形态，拓展了发展中国家走向现代化的途径。"党的二十大报告在论述中国式现代化的本质要求时，再次强调"创造人类文明新形态"。这是新时代中国共产党人提出的崭新时代命题，中国共产党领导中国人民在现代化探索历程中，走出了一条中国式现代化道路，创造了人类文明新形态，这不是简单延续我国历史文化的母版，不是简单套用马克思主义经典作家设想的模板，不是其他国家社会主义实践的再版，也不是国外现代化发展的翻版，中国式现代化使古老的中华文明焕发新生，实现了对科学社会主义基本原则的创造性运用和发展，扬弃了传统社会主义现代化建设模式，终结了"现代化＝西方化"的迷思。

现代化的理论之问：
为什么说中国式现代化创造了人类文明新形态？

一

中国式现代化深深植根于中华优秀传统文化

习近平总书记曾明确指出中华文明、中国特色和中国式现代化道路之间的关系："如果没有中华五千年文明，哪里有什么中国特色？如果不是中国特色，哪有我们今天这么成功的中国特色社会主义道路？"[1]中华文明绵延五千多年，是世界上最古老的文明之一，也是世界上唯一没有中断而延续至今的文明。黑格尔在阐述世界史的进程时说道："（中国）是世界上唯一一个从远古时代保持至今的帝国。……更令人惊叹的是，这个民族拥有自远古以来至少长达五千年前后相连、排列有序、有据可查的历史，记述详尽准确，与希腊史和罗马史不一样，它更为翔实可信。"[2]中华优秀传统文化是"中国式现代化的本和源、根和魂"[3]，不守好这个本源，中国式现代化就会变成无源之水、无本之木。一方面，中国式现代化扎根于中国的历史文化和传统，因而是"中国式"的。1840年鸦片战争以来，中国被迫卷入资本主义世界体系中，成为半殖民地半封建社会，中国传统文化因器物、制度的落后遭遇了前所未有的认同

---

[1] 《习近平新时代中国特色社会主义思想学习纲要（2023年版）》，学习出版社、人民出版社2023年版，第193页。

[2] 黑格尔：《世界史哲学讲演录（1822—1823）》，刘立群等译，商务印书馆2015年版，第113—114页。

[3] 《正确理解和大力推进中国式现代化》，《人民日报》2023年2月8日。

危机。梁启超描述了近代中国知识分子的普遍观点：近代中国的危机，"第一期，先从器物上感觉不足。……第二期，是从制度上感觉不足。……第三期，便是从文化根本上感觉不足"①。另一方面，传统文化的相对稳定性和独立性使其在面临社会变迁和历史进程时，能够以其自身的韧性和适应性得以保留并且再生产那些具有普遍性的内容。这是一种透过时间、空间甚至是不同文明之间差异的自我更新能力，是一种对社会变迁的积极回应和调整。这使得传统文化在现代社会的大背景下得以延续和发展，形成一种新的融合文化，其中既有现代性的烙印，又保留了传统文化的基本元素，形成了相互影响、相互渗透、血脉相连的整体。这种整体性既反映在现代化对传统文化的借鉴和吸取上，也体现在传统文化对现代化进程的影响和调节上。"无论生产方式、政治制度乃至生活方式如何变化，我们在很大程度上仍然共享着和再生产着与古人相同或相近的文化和价值观。"②中国独特的历史经验、丰富的文化传统和深深植根于人民心中的传统文化的智慧精神与价值观念，同样是我国"国情"所在。

（一）人口规模巨大：植根于"大一统"的国家观

中国有着庞大的人口规模，数据显示，2021年全世界高收入国家人口总和为12.45亿人，而我国人口总量比高收入国家人口总和

---

① 梁启超：《梁启超史学论著四种》，岳麓书社1985年版，第7—8页。
② 董彪：《中国式现代化的传统文化根基》，《东北师大学报》（哲学社会科学版）2023年第3期。

现代化的理论之问：
为什么说中国式现代化创造了人类文明新形态？

还多1亿多人。回顾历史，我们可以发现，中国早在古代便是一个人口众多、地域广袤的统一的多民族国家。在中国五千多年绵延不绝的历史长河中，人口一直在不断地增长与发展，这固然是由于东亚大陆的自然地理条件以及农业社会的生产模式，也是由于中国特有的"大一统"的治理理念和传统的重要驱动作用。在历史进程中，中国国家形态从传统到现代的转变与欧洲的发展道路形成鲜明对比，欧洲的一些帝国经过内部分裂后形成多个独立民族国家，如古代欧洲最庞大的帝国之一罗马帝国在3世纪末经历了诸多政治和军事动荡，最终分裂成西罗马帝国和东罗马帝国。西罗马帝国和东罗马帝国的疆域并不能直接对应现代国家的范围，但在地理范围内大致可以涵盖现代意大利、法国、西班牙、英国、土耳其、埃及和黎凡特地区的一部分地区。中国则是直接从古代的"大一统"国家状态过渡到现代的主权国家，那些在中国古代被称为"天下"的区域，几乎全都被纳入了现代中国的领土版图之内。在这个过程中，中国不仅成功地协调了中央政府与地方、汉族与少数民族的关系，更形成了强烈的国土、民族、历史观念——国土是不可分割的，民族是不可分散的，历史是不可中断的。"大一统"的国家观、生生不息的文明繁育观、"民为邦本，本固邦宁"的民本思想，共同奠定了中国作为一个广袤且人口众多的文明国家的基石。因此，面对巨大人口规模带来的挑战，中国在推动具有自身特色的现代化进程时，强调保持国家的独立和统一，同时更好地发挥集中力量办大事的优势，使发展的成果惠及每个人。

（二）全体人民共同富裕：植根于"兴天下之同利"的利益观

共同富裕是社会主义的本质要求，同时也契合中国传统文化的追求。在中国传统文化中，各家学派都有追求公共利益、使民众富裕的要求。荀子主张"修其道，行其义，兴天下之同利，除天下之同害，而天下归之也"（《荀子·正论》），表明治理国家必须强调公共利益。作为中国传统文化主流的儒家思想虽然在义利关系上强调"重义轻利""存义去利"，但在利益和道德并不冲突时也主张追求利益。孔子在《论语·述而》中说："富而可求也，虽执鞭之士，吾亦为之"，肯定了在符合道德原则下追求富裕的正当性；孟子肯定墨子的兼爱观念，认为"摩顶放踵利天下，为之"（《孟子·尽心上》），赞扬全心全意为大多数人谋利益的行为。在国家和社会治理方面，古贤人既重视发展生产、勤劳致富，也强调公正分配、缩小贫富差距。例如孔子认为"有国有家者，不患寡而患不均，不患贫而患不安"（《论语·季氏》），晏婴提出"其取财也，权有无，均贫富，不以养嗜欲"（《晏子春秋·内篇问上》），管仲认为"夫民富则不可以禄使也，贫则不可以罚威也"（《管子·国蓄》），诸子百家都强调分配公平对于国家治理和社会稳定的重要性，主张通过努力创造财富，并以公平的方式分配，以实现"天下之同利"。

（三）物质文明与精神文明相协调：植根于"心物协调"的认识论

资本主义现代化建立了全面物化的生产方式，这种全面物化的特征引发了多重矛盾，人与人之间的社会关系由物表征，最终造成了"物的人格化和人格的物化的对立"[①]，陷入精神空虚的后现代迷思。中国式现代化倡导人的全面发展，包括物质、社会和精神的和谐发展，以及个人的特质、潜能的健康成长。传统文化对心物关系的理解构成了物质文明和精神文明相协调的理论支撑。在个人层面，心物协调体现为对理想人格的追求。古代的先贤们尊重人的合理物质需要，但同时反对过度追求物质，将精神自由和高尚道德视为人生理想。因此，《周易》强调"自强不息，厚德载物"，《大学》以"富润屋，德润身"强调"诚意"，《中庸》将"尽人之性"与"尽物之性"统一起来，达到"赞天地之化育"，"可以与天地参"的境界。道家主张顺应自然，把握"道"的规律，强调内心的平静和清明，以达到心与物、人与自然的和谐统一。在社会层面，心物协调体现为在满足物质需求的基础上推动教化。如，管仲主张"仓廪实而知礼节，衣食足而知荣辱"（《史记·管晏列传》），孔子主张对人民"富之，教之"，在满足物质生活的需要之后，同时推动礼仪和教育的发展，使人民过上安定、富裕、文明的生活。随着中华民族从站起来、富起来到强起来，中国式现代化在满足人民对美好物质

[①] 《马克思恩格斯文集》第5卷，人民出版社2009年版，第135页。

生活的需求的同时,更加注重满足人民对丰富精神生活的需求。

(四)人与自然和谐共生:植根于"天人合一"的宇宙观

中国式现代化强调人与自然关系的共生性,不是掠夺自然、破坏生态的现代化,而是既遵守自然规律又保障人的生态权利的现代化。在中国古代思想中"天"和"人"的关系是一对基本范畴,从生存论维度讨论"天人关系",在农业文明的产生和发展历程中,"天人合一"超越了"天人相分"、"天人相胜"等观念,成为中华文明的主流思想。"天人合一"的观点认为,天之道和人之道是相互贯通的,是同样的原则在不同领域的展现,强调了天人的内在统一。在这个共同体中,人与自然在情感上、命运上都是共情共感、互联互通的。古人还强调"生生",提倡在利用自然资源时"取之有时""取之有度",以此维持万物"生生不息"的永续状态。荀子在《荀子·王制》中指出:"草木荣华滋硕之时,则斧斤不入山林,不夭其生,不绝其长也。鼋鼍、鱼鳖、鳅鳝孕别之时,罔罟毒药不入泽,不夭其生,不绝其长也。"这体现了对大自然的索取有所节制,维持自然生态系统的平衡性和可持续性。管仲在《管子·八观》中指出,"山林虽近,草木虽美,宫室必有度,禁发必有时",倡导节约,是对"生生"价值理念的遵循与践行。这就意味着,在改造自然、满足自身需要的同时,要做到"先天而天弗违,后天而奉天时"(《周易·文言》),达到"天地所生之物各有其宜"(《〈周易正义〉杂卦卷十一》)的状态。这与中国式现代化提出的尊重自然、顺应自然、热爱自然，建设人与自然和谐共生的现代化的思想理念无疑是内在契合的。

（五）走和平发展道路：植根于"和而不同"的国际观

农耕文明的生产方式使中华文明的特性表现为防御性、内敛性和包容性，始终坚持和平共处、和谐共生的国际关系是中华文明自古以来的追求。在上古时代，尧就提出了从内到外、从个人到天下万邦的和谐理念："克明俊德，以亲九族。九族既睦，平章百姓。百姓昭明，协和万邦。"（《尚书·尧典》）"协和万邦"的理念与中国历来主张的"以和为贵""和而不同"的发展观，"亲仁善邻，国之宝也"（《左传·隐公六年》）的睦邻友好观，"己所不欲，勿施于人"（《论语·颜渊》）的国际交往观，"万物并育而不相害，道并行而不相悖"（《礼记·中庸》）的文明共生观相互融通。这种文化基因，使得中国式现代化必定不走国强必霸、殖民掠夺的西方现代化的旧路，而是走向了促进世界和平、谋求人类共同福祉的现代化新路。中国式现代化注重公正和公平，强调和平发展，推崇文化交流，提倡互利共赢，倡导尊重和理解各种不同的文化，与世界各国一道共建人类命运共同体，实现人类共同的繁荣和进步。

中国式现代化路径与我们独特的中华传统文化在当代中国有深切的内在共鸣。中国式现代化道路源自中华五千多年悠久的历史底蕴，承载着我们文明的基因，汲取中华文明的智慧果实，是我们古老文明在当代中国的崭新演绎。中国共产党对历史文明的传承给予

了高度重视,但并未简单地像对待文物那样保护它,也不是简单延续和全盘接受中国传统文化,而是深刻认识到,我们必须激活传统文化的现代活力,从而达成它的创造性转化和创新性发展。习近平总书记强调:"中华文明延续着我们国家和民族的精神血脉,既需要薪火相传、代代守护,也需要与时俱进、推陈出新。……要推动中华文明创造性转化、创新性发展,激活其生命力,让中华文明同各国人民创造的多彩文明一道,为人类提供正确精神指引。"① 运用马克思主义的真理力量,唤醒了古老的中华文明,同时通过马克思主义中国化时代化的理论成果以及社会主义现代化建设的实践经验,来推动中华文明创造性转化、创新性发展。

二

中国式现代化体现科学社会主义的先进本质

中国式现代化的实质是社会主义现代化。中国式现代化理论的提出,是科学社会主义的最新重大理论成果,创造性地回答了什么是社会主义现代化、怎样建设社会主义现代化这个科学社会主义史上的重大课题。马克思主义经典作家设想的社会主义是在资本主义发达国家基础上建立的,因此,如何实现社会主义现代化是社会主

---

① 《习近平谈治国理政》第2卷,外文出版社2017年版,第340页。

现代化的理论之问：
为什么说中国式现代化创造了人类文明新形态？

义实践过程中提出的全新课题，而科学社会主义的原则可以为中国式现代化提供根本遵循。

（一）科学世界观武装的政党领导

习近平总书记指出："党的领导决定中国式现代化的根本性质。党的性质宗旨、初心使命、信仰信念、政策主张决定了中国式现代化是社会主义现代化，而不是别的什么现代化。"① 习近平总书记的这一观点鲜明地表达了中国共产党在中国式现代化道路中的核心作用，这与马克思主义政党建设理论是一脉相承的。

1859年，马克思出版自己多年研究经济学的著作《政治经济学批判（第一分册）》，在该书的《序言》中，马克思对历史唯物主义作了经典表述。恩格斯为该书写了一篇书评，书评写道："我们党有个很大的优点，就是有一个新的科学的世界观作为理论的基础。"② 恩格斯在引述《序言》原文后说："只要进一步发挥我们的唯物主义论点，并且把它应用于现时代，一个强大的、一切时代中最强大的革命远景就会立即展现在我们面前。人们的意识取决于人们的存在而不是相反，这个原理看来很简单，但是仔细考察一下也会立即发现，这个原理的最初结论就给一切唯心主义，甚至给最隐蔽的唯心主义当头一棒。"③ 在这里，恩格斯通过总结无产阶级政党的

---

① 习近平：《中国式现代化是中国共产党领导的社会主义现代化》，《求是》2023年第11期。
② 《马克思恩格斯选集》第2卷，人民出版社2012年版，第10页。
③ 《马克思恩格斯文集》第2卷，人民出版社2009年版，第597—598页。

革命经验,明确指出无产阶级政党的一个重要特点是:有新的科学的世界观作为自己的理论基础。这个新的科学的世界观是辩证唯物主义和历史唯物主义,而这个世界观必然遭到资产阶级和小资产阶级的反对。无产阶级在革命斗争中要取得胜利,必须把自己的实践和理论置于这个世界观基础之上,在这一世界观和方法论指导下,提出自己的纲领、确立自己的目标和制定自己的战略策略,以此指导无产阶级革命运动,充分发挥人民群众创造历史的主体作用。在共产主义运动中,这一思想成为无产阶级政党的一个基本原则。

在中国建设社会主义,对于中国共产党和中国人民来说是一件前无古人的大事,我们党坚持把马克思主义作为根本指导思想,不断深化对共产党执政规律、社会主义建设规律、人类社会发展规律的认识,不断开辟马克思主义中国化时代化新境界,为中国式现代化提供科学指引。只有坚持中国共产党的领导,才能确保社会主义现代化建设的目标行稳致远,才能激发建设中国式现代化的强劲动力,才能凝聚起建设中国式现代化的磅礴力量。

(二)以人民为中心的价值立场

人民性是马克思主义的鲜明属性,唯物史观认为实践活动归根到底是人民群众的社会实践,"过去的一切运动都是少数人的,或者为少数人谋利益的运动。无产阶级的运动是绝大多数人的,为绝大多数人谋利益的独立的运动"[①]。这就决定了科学社会主义在价

---

① 《马克思恩格斯选集》第1卷,人民出版社2012年版,第411页。

现代化的理论之问：
为什么说中国式现代化创造了人类文明新形态？

值取向、实践主体、目标路径、主体等方面必然具有鲜明的人民属性。

党的十八大以来，以习近平同志为主要代表的当代中国共产党人"在新的实践语境中，把科学社会主义的人民属性提升到了一个崭新高度"①。中国式现代化理论与资本主义社会的现代化理念有着本质的区别。资本主义社会的现代化以资本为中心，目标是追求资本利益的最大化；中国式现代化则始终坚持以人民为中心，追求的是人民的根本利益，旨在促进人的全面发展。在中国式现代化的理论和实践中，人民是主体，一切以人民为中心，强调实现好、维护好、发展好最广大人民的根本利益。人的现代化不仅是社会现代化的推动力，更是社会现代化的目的，这"充分体现了社会现代化与人的现代化的一致性"②。中国式现代化是实现全体人民共同富裕的现代化。在共同富裕的道路上，中国已打赢了规模空前、力度最大、惠及人口最多的脱贫攻坚战，成功地帮助了近亿人口脱离绝对贫困，造就了人类历史上的一个伟大成就，为全球减贫事业和人类发展作出了重大贡献。中国式现代化是满足人民美好生活需要的现代化，新时代主要矛盾的变化对中国式现代化道路提出了更高的要求。坚持人民至上，关键是要满足人民日益增长的美好生活需要和人的全面发展需要。在新发展阶段，人民对美好生活的追求更加强烈，对尊重和保障各类权益的要求日益提高，必须实现高质量发展，统筹推进经济发展、民主法治、思想文化、公平正义、社会治

---

① 唐正东：《中国式现代化的先进本质》，《中国社会科学报》2023年2月21日。

② 丰子义：《中国式现代化道路的文明价值》，《前线》2022年第3期。

理、环境保护等建设,全方位提升各项人权保障水平,着力解决人民群众最关心最直接最现实的就业、分配、教育、社保、医疗、住房等问题,努力实现更高质量、更有效率、更加公平、更可持续、更为安全的发展,不断增强人民获得感、幸福感、安全感。中国式现代化是亿万人民自己的事业,人民是中国式现代化的主体,必须紧紧依靠人民,尊重人民首创精神,汇集全体人民的智慧和力量,才能推动中国式现代化不断向前发展。

(三)与时俱进的理论品格

时代范畴是马克思主义一个基本范畴,其基本内涵是指人类社会发展的历史方位。人类社会发展有其自身内在的发展趋势,是现实性和可能性的辩证统一。在现实性的基础上,社会发展充满各种可能性,有现实可能性、抽象可能性等,现实可能性经过主观努力可以转变为新的现实,抽象可能性是抽象的,不能够转变为新的现实。马克思主义要求无产阶级政党必须清醒认识自己所处的时代,抓住时代主题,发挥主观能动性,从客观现实出发,把现实可能性和人民的根本利益结合起来,确立自己的新理论,提出自己的新纲领,明确自己的新目标,制定自己的新战略。用新理论武装群众,用新纲领带领群众,用新目标鼓舞群众,用新战略指导群众,充分发挥人民群众是历史创造者的作用。人类社会作为历史主体,具有普遍性和特殊性,因此,时代范畴也具有普遍性和特殊性。普遍性时代范畴是指人类社会整体发展的历史方位,特殊性时代范畴是指一个国家、一个民族发展的历史方位。

现代化的理论之问：
为什么说中国式现代化创造了人类文明新形态？

20世纪初，列宁用历史唯物主义观察他所处的历史方位，提出资本主义已经由自由资本主义发展到垄断资本主义即帝国主义阶段。帝国主义国家之间由于发展不平衡，为了争夺原料和世界市场、瓜分势力范围，必然发生战争，帝国主义是战争策源地。战争将引起革命，列宁称这个时代为战争与革命时代。列宁根据第一次世界大战的情况，在战争期间，领导布尔什维克党发动革命，取得十月革命胜利，社会主义由理论变为现实。无产阶级政党遵循列宁主义的这一原则，利用第二次世界大战，壮大革命力量，东欧和中国先后取得社会主义革命胜利，社会主义由一国变为多国。20世纪80年代，邓小平根据变化了的客观实际，提出和平与发展是时代的主题，领导中国实行改革开放，开辟了中国特色社会主义道路，带领党和人民进行中国特色社会主义的实践，创立了邓小平理论。

中国特色社会主义在中国经过30多年的发展，进入21世纪，习近平总书记分析我国发展的历史方位，提出中国特色社会主义进入了新时代。这个新时代是中国特色社会主义新时代，具有如下的现实可能性：第一，新时代意味着近代以来久经磨难的中华民族迎来了从站起来、富起来到强起来的伟大飞跃，迎来了实现中华民族伟大复兴的光明前景；第二，新时代意味着科学社会主义在21世纪的中国焕发出强大生机活力，在世界上高举中国特色社会主义伟大旗帜；第三，新时代意味着中国式现代化道路、理论、制度、文化不断发展，拓展了发展中国家走向现代化的途径，给世界上那些既希望加快发展又希望保持自身独立性的国家和民族提供了全新选

择，为解决人类问题贡献了中国智慧和中国方案。

（四）现代化道路的多样性阐释

马克思在研究东方社会结构、发展道路和规律时，得出了东方社会可以实现不同于西方社会发展道路的重要结论，提出了跨越资本主义卡夫丁峡谷的重要理论，为落后国家摆脱落后局面提供了重要理论支撑。中国从20世纪50年代中期开始，一方面以苏为鉴，一方面吸取合理因素。中国式现代化理论就是从对苏联及东欧现代化历程的反思开始探索的。基于对苏联历史及其现代化理论的反思，习近平总书记强调"走自己的路"的重要性，指出："无论我们吸收了什么有益的东西，最后都要本土化。十月革命的风吹进来了，但我们党最终也没有成为一个苏联式的党。冷战结束后，苏联解体、东欧剧变，我们仍然走自己路，所以我们才有今天。"①

新时代的现实可能性在客观上要求我们必须从理论和实践相结合的角度系统回答新时代坚持和发展什么样的中国特色社会主义、怎样坚持和发展中国特色社会主义，包括新时代坚持和发展中国特色社会主义的总目标、总任务、总体布局、战略布局和发展方向、发展方式、发展动力、战略步骤、外部条件、政治保证等基本问题，并且要根据新的实践对经济、政治、法治、科技、文化、教育、民生、民族、宗教、社会、生态文明、国家安全、国防和军

---

① 习近平：《中国共产党领导是中国特色社会主义最本质的特征》，《求是》2020年第14期。

队、"一国两制"和祖国统一、统一战线、外交、党的建设等各方面作出理论分析和政策指导,以利于更好坚持和发展中国特色社会主义。围绕这些问题,以习近平同志为核心的党中央,坚持以马克思列宁主义、毛泽东思想、邓小平理论、"三个代表"重要思想、科学发展观为指导,坚持解放思想、实事求是、与时俱进、求真务实,坚持辩证唯物主义和历史唯物主义,紧密结合新的时代条件和实践要求,以全新的视野深化对共产党执政规律、社会主义建设规律、人类社会发展规律的认识,对中国式现代化进行了艰辛的理论和实践探索,形成了习近平新时代中国特色社会主义思想。

中国式现代化代表人类文明进步的发展方向

中国式现代化的实践是以习近平同志为代表的中国共产党人在新时代运用马克思主义基本原理解答中国之问、应对百年未有之大变局的世界之问、时代之问的伟大创造。人类文明新形态坚持社会主义五大文明的有机统一,消解了人与自然、人与社会、人与人之间的对立,超越了自然中心主义与人类中心主义的二元对立,实现了对以往人类文明形态的辩证否定和积极扬弃,是合规律性与合目的性的统一,因而占据了人类真理和道义的制高点,代表着人类文明的发展方向。

（一）站在历史正确的一边

中国式现代化遵循人类社会发展规律，顺应历史发展趋势，在理念上和历史上都站在历史正确的一边，是时代的精神坐标。从人类历史的变迁中，我们可以看到空间上从民族历史转向世界历史，在结构上从"物对人的抽象统治"的单一物质文明转变为社会主义五大文明的和谐发展，在形态上从"以物的依赖性为基础的人的相对独立性"的低级形态发展为"人自由而全面的发展"的高级形态的发展规律。中国式现代化道路所彰显的中国特色社会主义文明，既维护了本国的文化传统，又不因循守旧，既借鉴他人，又不机械照搬，在吸收人类文明成果的基础上，坚持继往开来，坚持守正创新，展示了人类文明的新形态。这是第一次一个人口超过10亿的国家迈向现代化进程，必将成为一种超越资本主义文明的全新的形态。

这种新的文明形态，在实现自身现代化的过程中，强调的是独立自主、自力更生的发展方式。中国并未像一些西方国家那样依靠武力或殖民掠夺的方式来实现自身的现代化，而是通过自己的努力，激发自身的主体性，坚持自觉、自立、自强、自信的发展道路，中国找到的现代化道路为发展中国家走向现代化提供了全新的选择，对人类现代化事业作出了新的贡献。这种新的文明形态，虽然是由特定国家、特定民族创造的，却具有普遍的世界意义。

（二）构建人类命运共同体

这种新的文明形态，坚持站在人类文明进步的一边，旨在实现人民对美好生活的向往，符合全人类的共同价值。构建人类命运共同体就是这种新的文明形态的重要目标。习近平总书记指出："人类命运共同体，顾名思义，就是每个民族、每个国家的前途命运都紧紧联系在一起，应该风雨同舟，荣辱与共，努力把我们生于斯、长于斯的这个星球建成一个和睦的大家庭，把世界各国人民对美好生活的向往变成现实。"[①] "中国人始终认为，世界好，中国才能好；中国好，世界才更好。"[②] 中国式现代化道路不会更无意去伤害和牺牲已经实现了现代化的西方强国，因此也就不存在什么"修昔底德陷阱"。中国式现代化道路也绝不是仅仅实现了自己国家发展而不尽国际义务的道路，因此也就没有什么"金德尔伯格陷阱"。中国特色社会主义缔造的人类文明新形态坚持中华文明的特殊性与人类文明的普遍性的具体的历史的统一，积极构建平等相待、互商互谅、互学互鉴的新型国际关系，为共同打造政治互信、经济融合、文化包容的利益共同体、命运共同体和责任共同体开辟道路、积累条件。"大国要有大国的样子，要展现更多责任担当"，中国得到了世界上大多数国家的广泛赞誉，展示了一个文明大国的责任意识和使命担当。历史和实践证明，中华民族的血液中没有侵略他人、称霸世界的基因，中国人民不接受"国强必霸"的逻辑，中国无愧为世

[①] 《习近平谈治国理政》第3卷，外文出版社2020年版，第433页。

[②] 《习近平谈治国理政》第2卷，外文出版社2017年版，第545页。

界和平的建设者、全球发展的贡献者、国际秩序的维护者,无愧为推动人类文明进步的积极力量。

(三)文明冲突还是文明互鉴

人类文明历史深刻昭示,不同特色和风格的文明不仅不是冲突的,而且可以互相激荡,互相推动,从而为其他文明提供可资借鉴的"他山之石"。"文明因多样而交流,因交流而互鉴,因互鉴而发展。"从历史上看,人类文明是在对抗与冲突中艰难发展的,在古代世界就有许多文明在外来文明入侵中毁灭。辉煌的古巴比伦文明是古代美索不达米亚地区的一个伟大文明中心,公元前6世纪,波斯人征服了巴比伦,结束了巴比伦文明的独立存在。西方文明的发源地之一古希腊,在公元前4世纪末被马其顿国王亚历山大大帝征服,随后希腊被罗马帝国所统治。近代以来随着资本主义文明的全球扩张,也造成许多民族文明成果的毁灭。殖民时期的欧洲列强入侵和殖民美洲大陆,导致了众多美洲原住民文明的毁灭。19世纪后期到20世纪初,欧洲列强进行了对非洲的殖民统治,导致了许多非洲文明的破坏。殖民时期,非洲大陆遭受了殖民者的掠夺、文化剥削和奴役制度的实施,导致了许多传统文化的丧失。在当代世界,文明差异和冲突仍然存在,如何减少文明进步的代价,避免文明毁灭的惨剧,并实现人类文明的整体进步,是一个重大而紧迫的课题。中国提出的文明交流互鉴和构建人类命运共同体,是人类文明发展方式的创新。"以文明交流超越文明隔阂、文明互鉴超越文明冲突、文明共存超越文明优越",中国所倡导和践行的这种主张,正是人类文明发展的正确方式。

（四）人类追求什么样的文明

中国特色社会主义创造的人类文明新形态促进了人类文明的进步。

首先，中国是世界上人口最多的国家，中国特色社会主义给当代中国带来的文明进步，本身是当今世界人类文明进步的重要组成部分。中国特色社会主义对世界文明多样性的贡献，对不同文明交流互鉴的促进作用，本身也是在促进人类文明的进步。

其次，在中国特色社会主义文明建设过程中，不论是物质文明、政治文明、精神文明建设，还是社会文明、生态文明建设，都有许多伟大的创新创造。比如将社会主义基本制度与市场机制结合起来的社会主义市场经济体制，将选举民主与协商民主、程序民主与实质民主结合起来的全过程人民民主，以马克思主义为指导、以社会主义核心价值观为引领的中国特色社会主义先进文化，既强调集中统一、又注重包容多样的社会主义和谐社会建设，以及强调人与自然和谐共生的社会主义生态文明等，都具有文明创新的意义，都促进了人类文明的进步。

最后，中国特色社会主义创造的人类文明新形态对于人类文明的未来发展具有引领意义。中国特色社会主义的先进性对于人类文明的未来发展具有重要引领价值。社会主义文明作为共产主义文明的初级形态，在自身发展中会涌现出越来越多的共产主义文明因素。中国特色社会主义本质上是社会主义，在中国特色社会主义中

同样包含着许多共产主义因素。特别是随着我们全面建成小康社会并向着社会主义现代化国家迈进,中国特色社会主义中的社会主义属性更加凸显,共产主义因素日渐增多,比如以人民为中心的发展思想、全体人民共同富裕、共产主义理想信仰和道德风貌等,都体现着人类走向未来文明的追求,具有引领文明发展的价值。

四

中国式现代化展现了不同于西方现代化模式的新图景

肇始于16—17世纪的西方社会现代化,是一种普遍主义历史观指导下的世界历史性现象。从历史的视野来看,相较于被判定为"愚昧""保守""落后"的传统社会,启蒙现代性理念指导的现代化却创造了财富、繁荣、进步的文明神话与奇迹。正如马克思所指出的,资产阶级在它的不到100年的阶级统治中所创造的生产力,比过去一切时代创造的全部生产力还要多,还要大。基于成功的社会经验和带有某种理想化气质的生存模式、发展道路的示范性效应,现代化成为所有经济社会落后国家一致的向往。而伴随着西方现代化模式的全球化进程,经济社会落后国家往往把西方化等同于现代化。

现代化的理论之问：
为什么说中国式现代化创造了人类文明新形态？

（一）西方现代化的历史过程

西方现代化的历史过程可以追溯到17世纪的欧洲。其思想肇始于文艺复兴和启蒙时期，文艺复兴是指欧洲在14—17世纪的文化和知识复兴。这一时期，人们开始对古代知识进行研究和重新评估，并对传统观念和权威提出质疑。启蒙时期则是以18世纪初兴起的一场思想运动为开端，倡导理性、科学和自由。启蒙思想家强调人类的自由权利和个体主义，对专制主义和封建制度进行批判。工业革命是西方现代化的重要里程碑。它在英国爆发并迅速蔓延到欧洲其他地区和北美。工业革命带来了机械化生产、工厂制造和大规模城市化，使得农业社会向工业社会转变。工业化促进了经济增长、技术创新和劳动力流动，也改变了社会结构和劳动关系。西方国家的现代化还涉及政治制度的变革。美国独立战争（1775—1783年）和法国大革命（1789—1799年）标志着民主化的开端。这些革命推动了民主制度的建立，强调人权和公民自由。西方国家开始实施普选制度，建立宪法和法治体系，为个人权利和自由提供保障。19世纪和20世纪的西方社会经历了科学技术的迅猛发展。电力、蒸汽机、内燃机和通信技术等的发明推动了工业化的进一步发展。社会结构发生了变革，城市化程度加深，社会阶层的流动性增加，科学和教育成为重要的社会机构。20世纪末，西方社会进入了后工业化时代。传统的重工业逐渐衰退，服务业和高科技产业兴起。信息技术的飞速发展和互联网的普及进一步改变了社会和经济的运作方式。全球化也成为现代化进程的重要特征，各国之间的联系和相互依赖性加强。

（二）西方现代化模式的特点

西方现代化是指西方国家在经济、政治、社会和文化等领域所经历的一系列变革和发展过程。它涉及科学技术的进步、工业化、城市化、民主化、个人主义和价值观的转变等方面。

首先，西方现代化的一个显著特点是科学技术的快速发展。西方国家在工业革命以及后续的科技革命中取得了巨大的成就，推动了生产力的提高和社会进步。科学技术的进步为西方国家带来了繁荣和经济增长，提升了人们的生活水平，也为医疗保健、交通运输、通信和教育等领域带来了巨大的改善，为社会的发展和创新提供了基础。但与此同时，科学技术的进步也带来了一些问题，例如环境污染、资源枯竭和人类活动对生态系统的破坏；还引发了一些伦理和社会问题，例如侵犯个人隐私权、人工智能的道德问题等。

其次，西方现代化伴随着工业化和城市化的进程。工业革命使得农业社会向工业社会转变，大规模的机械化生产和城市化现象迅速出现。工业化和城市化带来了经济繁荣和就业机会增加。农村人口向城市迁移，获得更多的工作选择和更好的生活条件。工业化也推动了技术创新和生产效率的提高。同样的，例如，城市扩张导致了资源的过度消耗，城市贫困和社会不平等的加剧。工业化还带来了劳工问题，包括劳动条件的恶化、工资不公平和工作安全问题等。

再次，西方现代化的另一个重要特点是民主化和个人主义的兴

现代化的理论之问：
为什么说中国式现代化创造了人类文明新形态？

起。这包括民主制度的建立、人权的保障和个体自由的强调。资产阶级革命打破了宗教神权和封建等级制的枷锁，凸显了人的主体性，启蒙运动以理性反对封建专制和教权主义，追求政治平等和经济自由的权利。马克思、恩格斯同时揭示了"天赋人权"超历史、超阶级表象之下的阶级本质，认为这只是资产阶级的理想化王国，"自由的并不是个人，而是资本"；"永恒的正义在资产阶级的司法中得到实现；平等归结为法律面前的资产阶级的平等；被宣布为最主要的人权之一的是资产阶级的所有权"①。

现代社会除了是一个由利己主义原则支配的、自私自利的个人在其中行事的社会之外，其还有一个重要特征是抽象性。通过现代市场交易、抽象的现代哲学和非人格化的个人，抽象的现代社会展示了自己根深蒂固的危机。"批判的要害是社会抽象机制一方面与以占有形态出现的个人主观权利联系在一起，另一方面却又与各种普世化的现代抽象价值观念联系在一起。在马克思看来，二者之间存在着不可调和的内在矛盾。"② 这种出于个人主观权利、代表特殊性的私人所有权却建立在抽象的普遍的市场基础上，从而造成了必然的危机。

当今世界，多重挑战和危机纷至沓来，互相叠加，人类社会现代化进程又一次来到历史的十字路口。全球正处于经济复苏的艰难阶段。自2008年国际金融危机以来，世界经济一直处于反复摇摆的境地，经济增长势头不稳定，不少国家经济复苏步伐缓慢。此外，

---

① 《马克思恩格斯全集》第25卷，人民出版社2001年版，第372页。
② 李猛：《论抽象社会》，《社会学研究》1999年第1期。

由于新冠疫情的影响，全球经济在2020年进一步下滑，复苏之路更加艰难，世界各国面临着失业、贫困等多重社会经济问题。根据联合国《可持续发展目标报告(2022)》的最新数据[1]，新冠疫情在全球范围内的大流行使得4年多来全球在消除贫困方面取得的进展化为乌有，使2020年又多了9300万人陷入极端贫困，全球贫困率出现20年以来的首次回升，由2019年的6.7%上升至2020年的7.2%，联合国2030年可持续发展议程的实现不容乐观。在发展问题上，发展鸿沟的问题更加明显，发达国家在全球化中获得的利益远大于发展中国家。发达国家和发展中国家之间的经济、科技、教育等方面差距在持续扩大，虽然全球的极端贫困人口数量在过去几十年中大幅度减少，但在非洲地区，极端贫困人口的数量却仍在增长。全球大约1/10的人口正在遭受饥饿，近1/3的人口无法定期获得足够的食物，有1.492亿5岁以下儿童发育迟缓，这些人口主要集中在发展中国家。这不仅威胁到全球经济的稳定和繁荣，也引发了一系列社会和政治问题，如民粹主义、社会不安定等。此外，根据世界银行的数据，全球贫富差距在持续扩大。经合组织（OECD）数据显示，发达国家中的富人与贫人收入差距在过去30年里扩大了25%。

（三）中国式现代化的新选择

长期以来，由不平等的世界经济政治格局所决定，世界文明格

---

[1] The Sustainable Development Goals Report 2022[R/OL]．[2022–07–07].https://unstats.un.org/sdgs/report/ 2022.

现代化的理论之问：
为什么说中国式现代化创造了人类文明新形态？

局也是不平等的。当年马克思在《共产党宣言》中就作过描述，认为世界总的形势是未开化和半开化的国家从属于文明的国家，农民的民族从属于资产阶级的民族，东方从属于西方。这三个"从属于"实际上就是世界文明的基本格局。当前，摆在世界人民面前的人类文明发展道路并不多，一是复制移植欧美国家的文明发展道路，二是独立探索适合本国的文明发展道路。

从实质上来讲，西方的文明发展道路就是西方国家压榨发展中国家，用广大发展中国家的廉价资源支撑西方国家发展的不平等道路。这样的文明发展道路，广大发展中国家无法复制，也不能复制。现在，就世界文明的总体状况来看，虽然"西强东弱"的格局没有得到根本改变，但随着发展中国家的发展，尤其是当代中华文明的伟大复兴，已在一定程度上改变了东西方文明的力量对比，那种"一家独霸"的格局再也难以为继。中华文明的复兴，靠的不是资本、不是霸权，靠的是它的道义力量、价值力量，靠的是它的感染力、影响力。从文明的发展来看，总是文明战胜野蛮、较高文明战胜较低文明，这是一条永恒的历史规律。既然这是一条规律，那么，人类文明只能是趋向于较高的文明、先进的文明，人类文明的世界格局总是会趋向合理、平等，尽管这是一个长期的过程，中华民族现代文明的发展会加快推进这一进程。

由中国式现代化道路开辟的人类文明新形态超越了"全盘西化论""依附理论""世界体系理论"等以资本主义文明形态为中心的理论框架，探索出了一条既顺应世界历史发展潮流又符合中国国情的人类文明发展道路。人类文明新形态的内容不可以复制，但是它的原则和启示却是可以借鉴的。从历史的发展长河中来看,人类文明新形态是特殊,人类文明形态是一般。任何特殊都是一般,所以,越是民族的,就越是世界的。人类文明新形态不仅为中国人民谋幸福、为中华民族谋复兴,还为人类谋和平与发展,为世界谋大同。

第四章

现代化的理念之问：

如何理解中国式现代化蕴含的"六观"？

CHAPTER 04

习近平总书记在新进中央委员会的委员、候补委员和省部级主要领导干部学习贯彻习近平新时代中国特色社会主义思想和党的二十大精神研讨班开班式上的重要讲话中指出："中国式现代化蕴含的独特世界观、价值观、历史观、文明观、民主观、生态观等及其伟大实践，是对世界现代化理论和实践的重大创新。"这一重要论述对理解人类社会现代化的一般特点和基本趋势，对把握中国式现代化的时代特征与世界贡献，具有重要理论和现实意义。

现代化的理念之问：
如何理解中国式现代化蕴含的"六观"？

一

中国式现代化的世界观

中国式现代化的世界观，本质上就是中国在推进自身现代化过程中，处理自身与世界关系的基本理念与价值取舍，体现着对世界各国人民推进自身现代化历程的态度，是应对中国式现代化与世界各国现代化的互动关系的思想指引。习近平总书记概括中国式现代化的一般特征时指出："中国式现代化是走和平发展道路的现代化。我国不走一些国家通过战争、殖民、掠夺等方式实现现代化的老路，那种损人利己、充满血腥罪恶的老路给广大发展中国家人民带来深重苦难。我们坚定站在历史正确的一边、站在人类文明进步的一边，高举和平、发展、合作、共赢旗帜，在坚定维护世界和平与发展中谋求自身发展，又以自身发展更好维护世界和平与发展。"① 这句话清晰概括了中国式现代化世界观的理论本质，及其对西方现代化的路径超越。

---

① 习近平：《高举中国特色社会主义伟大旗帜　为全面建设社会主义现代化国家而团结奋斗——在中国共产党第二十次全国代表大会上的报告》，人民出版社2022年版，第23页。

（一）西方现代化的世界观

资产阶级领导的西方现代化也有着独特的处理其自身与世界各民族现代化关系的理念和方式。随着15世纪的地理大发现，资本主义生产方式蓬勃发展，西方资本主义国家在现代化的过程中，不断在经济、政治、文化等领域，在世界范围内实现着对自身的扩张，而这种扩张不是文明和进步的，往往伴随着殖民、战争、掠夺。马克思在《共产党宣言》中指出："资产阶级，由于一切生产工具的迅速改进，由于交通的极其便利，把一切民族甚至最野蛮的民族都卷到文明中来了。它的商品的低廉价格，是它用来摧毁一切万里长城、征服野蛮人最顽强的仇外心理的重炮。它迫使一切民族——如果它们不想灭亡的话——采用资产阶级的生产方式；它迫使它们在自己那里推行所谓的文明，即变成资产者。一句话，它按照自己的面貌为自己创造出一个世界。"[①] 马克思的这段论述包含着十分丰富的内涵，从中我们可以得出这样的结论：西方资本主义国家在现代化的过程中，实际上强行改变了世界其他民族文明演进发展的自然历程。

马克思曾对近代以来中国遭受西方列强侵略的事实有过细致而精准的描述。他指出："当时英国军人只是为了取乐而犯下滔天罪行；他们的狂暴既不是被宗教狂热所驱使，也不是由对专横暴虐的征服者的仇恨所激起，也不是因英勇的敌方的顽强抵抗而引起。他

---

① 《马克思恩格斯文集》第2卷，人民出版社2009年版，第35—36页。

现代化的理念之问：
如何理解中国式现代化蕴含的"六观"？

们强奸妇女，枪挑儿童，焚烧整个整个的村庄，完全是卑劣的寻欢作乐，记录下这些暴行的不是中国官吏，而是那些英国军官自己。"[①] 近代以来中国遭受的屈辱，实际上是西方资本主义国家现代化进程中处理自身与世界关系的真实写照。西方国家打着现代化、自由贸易的旗号，却给殖民地带来了深重的灾难。马克思曾经把侵略中国的西方列强称为"文明贩子"[②]。所谓"文明"，指称的是先进的、现代化的。的确，19世纪以来，西方资本主义国家已经完成了第一次工业革命，并领先于世界开启了第二次工业革命，生产力水平大大提高，资本主义得到了空前的发展，西方世界的现代化进程大大加快。"文明贩子"实际上是贬义词，指称这些代表着先进的、文明的、现代化的西方国家，以一种最野蛮、暴力和落后的方式兜售自己的"文明"。实际上，马克思通过这样的论述，深刻揭示了西方国家推进现代化过程中，给世界各国人民带来深重灾难的事实。

不仅在物质层面，西方资本主义国家在文化层面也奉行着殖民政策。马克思深刻指出："物质的生产是如此，精神的生产也是如此。各民族的精神产品成了公共的财产。民族的片面性和局限性日益成为不可能，于是由许多种民族的和地方的文学形成了一种世界的文学。"[③] 也就是说，资本主义国家不仅在经济和政治层面，也在文化层面按照自己的样子创造出一个同质性的文化世界。这个文化

[①] 《马克思恩格斯论中国》，人民出版社2018年版，第142页。

[②] 《马克思恩格斯论中国》，人民出版社2018年版，第64页。

[③] 《马克思恩格斯文集》第2卷，人民出版社2009年版，第35页。

世界否定和消解了世界其他各民族文化的精神独立性和文化独特性，并将之彻底地资本主义化、西方化，成为西方资本主义国家精神文化的另一种表现形式。文化上的这种侵略虽然不直接表现为流血冲突，但却以流血冲突为前提，而且它是对一个民族精神信仰体系的瓦解，是影响更加深远也更加潜移默化的思想奴役。一定程度上说，这种殖民、侵略的危害，要远远大于经济、政治领域民族间的剥削和压迫。

时至今日，西方资本主义的现代化也给世界各国人民带来了深重灾难，引发了诸多全球性问题。习近平总书记在党的二十大报告中指出："世界之变、时代之变、历史之变正以前所未有的方式展开。一方面，和平、发展、合作、共赢的历史潮流不可阻挡，人心所向、大势所趋决定了人类前途终归光明。另一方面，恃强凌弱、巧取豪夺、零和博弈等霸权霸道霸凌行径危害深重，和平赤字、发展赤字、安全赤字、治理赤字加重，人类社会面临前所未有的挑战。世界又一次站在历史的十字路口，何去何从取决于各国人民的抉择。"[①] 应该说，人类社会今天的诸多矛盾、冲突，都是西方资本主义国家在现代化过程中，不顾其他民族国家正当生存发展权益而日积月累形成的。目前，全球经济发展呈现出脆弱乏力的特征，世界各国之间发展鸿沟加剧，气候变化等问题尚未得到妥善解决，以美国为首的发达资本主义国家非但不为自己引发的诸多全球性

---

① 习近平：《高举中国特色社会主义伟大旗帜　为全面建设社会主义现代化国家而团结奋斗——在中国共产党第二十次全国代表大会上的报告》，人民出版社2022年版，第60页。

危机买单，反而仍旧继续制造冲突和对立，加剧人类社会的内部矛盾。

（二）中国式现代化世界观的时代超越

中国式现代化与西方现代化不同，始终坚持和平发展之路。和平发展符合马克思主义指导思想的根本理论要求。马克思指出："同那个经济贫困和政治昏聩的旧社会相对立，正在诞生一个新社会，而这个新社会的国际原则将是和平，因为每一个民族都将有同一个统治者——劳动！"[①]在马克思看来，西方现代化之所以伴随着战争、冲突，归根结底是资本盲目扩张造成的。"新社会"即工人阶级领导的社会主义社会已经实现了人对生产力的掌握及运用，把劳动而非资本扩张作为财富积累的根本源泉。因此，和平的原则将在"新社会"的主导下逐步成为世界性的原则。可以说，和平发展是世界社会主义运动的价值追求，也是社会主义社会建设的必然选择。中国式现代化是社会主义的现代化，社会进步以广大人民群众的劳动为基础，而不是如西方资本主义世界一般奠基于资本盲目扩张之上。因此，中国式现代化必然是和平发展的现代化，必然超越西方血与火的现代化模式。历史也的确证明了这一点。毛泽东指出："我们的战争是神圣的、正义的，是进步的、求和平的。不但求一国的和平，而且求世界的和平，不但求一时的和平，而且求永久的和平。"[②]这是毛泽东针对抗日战争的重要论述。很明显，这不

[①]《马克思恩格斯文集》第3卷，人民出版社2009年版，第117页。
[②]《毛泽东选集》第2卷，人民出版社1991年版，第476页。

仅体现了中国共产党人对待世界反法西斯战争的理解,更体现了中国在探索现代化道路的过程中始终把世界和平视为重要的价值追求和重要目的。改革开放以来,中国积极与世界各国、各民族建立密切的贸易往来,立足相互尊重、平等互利的国际准则,以和平的方式谋求自身的发展,从未对世界上的其他国家主动发起侵略性战争,反而成为维护世界和平稳定的中坚力量。

中国式现代化与西方现代化不同,始终推动人类命运共同体的构建。如果说,构建满足西方发达国家利益的国际秩序,是西方现代化世界观的重要表现,那么,构建人类命运共同体是中国走和平发展道路,推进中国式现代化的基本途径和重要目的。习近平总书记在党的二十大报告中指出,"我们全面推进中国特色大国外交,推动构建人类命运共同体"①。习近平总书记的重要论述既是对新时代十年我们取得的伟大成绩的概括和提炼,也是对中国式现代化世界观最直接简明的概括。列宁领导的十月革命成功以来,资本主义制度和社会主义制度在人类社会中同时存在和发展一直到今天。如何处理两种制度的关系,如何应对西方式现代化引发的诸多全球性危机,如何妥善处理中国与世界、东方与西方的关系,成为中国式现代化必须回应的重大理论和现实问题。习近平总书记的重要论述,无疑为解释和应对"两制共存"②提供了科学答案,那就是推动

---

① 习近平:《高举中国特色社会主义伟大旗帜 为全面建设社会主义现代化国家而团结奋斗——在中国共产党第二十次全国代表大会上的报告》,人民出版社2022年版,第12—13页。

② 陈曙光:《"世界之问"与中国方案》,人民出版社2022年版,第214页。

现代化的理念之问：
如何理解中国式现代化蕴含的"六观"？

构建人类命运共同体。在这种世界观的指引下，我们坚定维护国际公平正义，倡导践行真正的多边主义，旗帜鲜明反对一切霸权主义和强权政治，毫不动摇反对任何单边主义、保护主义、霸凌行径。我们完善外交总体布局，积极建设覆盖全球的伙伴关系网络，推动构建新型国际关系。我们展现负责任大国担当，积极参与全球治理体系改革和建设，全面开展抗击新冠疫情国际合作，赢得广泛国际赞誉，我国国际影响力、感召力、塑造力显著提升。与西方现代化不同，中国式现代化的成就得益于和平稳定的国际环境、平等互利的国际关系、共同繁荣的发展理念。因此，中国的发展、进步与成就，不仅属于中国，更属于并贡献于世界。这既是坚持胸怀天下的积极表现，也是其根本要求。

中国式现代化的价值观

中国式现代化的价值观，本质上就是要回答中国式现代化发展为了谁、发展依靠谁的基本问题，在新的历史语境下，就是回答中国式现代化究竟坚持资本至上还是人民至上的问题。习近平总书记指出："中国共产党根基在人民、血脉在人民。坚持以人民为中心的发展思想，体现了党的理想信念、性质宗旨、初心使命，也是对

党的奋斗历程和实践经验的深刻总结。自成立以来，我们党团结带领人民进行革命、建设、改革，根本目的就是为了让人民过上好日子，无论面临多大挑战和压力，无论付出多大牺牲和代价，这一点都始终不渝、毫不动摇。坚持以人民为中心的发展思想，不是一句空洞口号，必须落实到各项决策部署和实际工作之中。"① 这段话清晰概括了中国式现代化始终坚持人民至上而非资本至上的价值取向，及其对西方现代化价值观的超越。

（一）西方现代化的价值观

坚持资本至上是西方现代化得以实现的根本原因。马克思在《共产党宣言》中指出："资产阶级在它的不到一百年的阶级统治中所创造的生产力，比过去一切世代创造的全部生产力还要多，还要大。自然力的征服，机器的采用，化学在工业和农业中的应用，轮船的行驶，铁路的通行，电报的使用，整个整个大陆的开垦，河川的通航，仿佛用法术从地下呼唤出来的大量人口——过去哪一个世纪料想到在社会劳动里蕴藏有这样的生产力呢？"② 资产阶级之所以能够创造出这样的生产力，并不是由于资本家个人的能力素质或思想境界，而是主导着资产阶级的资本为了生存不断推动生产力的扩张和进步。可以说，资本是西方资本主义国家的真正主人，在资本力量的驱使下，资本家成了资本的代言人，劳动者成了资本的奴隶，整个社会成了一个为资本积累服务的巨大工厂，并不断创造着

---

① 《习近平谈治国理政》第4卷，外文出版社2022年版，第53页。
② 《马克思恩格斯文集》第2卷，人民出版社2009年版，第36页。

现代化的理念之问：
如何理解中国式现代化蕴含的"六观"？

现代化开启之前人类社会从未创造过的生产奇迹。马克思在这里所说的"轮船""铁路""电报"，还仅仅是19世纪中叶资本主义国家生产力水平的代表，到了21世纪的今天，在资本的驱动下，西方资本主义国家的现代化水平得到了更大幅度的提升。资本已经渗透进了西方世界的方方面面，控制着工业、农业、第三产业等几乎全部社会领域的发展方向与价值选择，是当代西方资本主义国家继续推进现代化的真正内在动因和根本依据。马斯克之所以能够为社会生产力的进步作出自己的贡献，本质上还是立足于资本不断实现自身利润积累的内在驱动力。

坚持资本至上是西方现代化不断制造阶级对立的价值观根源。马克思在《资本论》中指出，现代资本主义社会中"在一极是财富的积累，同时在另一极，即在把自己的产品作为资本来生产的阶级方面，是贫困、劳动折磨、受奴役、无知、粗野和道德堕落的积累"[1]。资本之所以可以不断积累，整个现代西方社会之所以存在日益严重的两极分化、贫富差距，归根结底在于资本时刻以榨取劳动者的剩余价值为其生存和发展的条件与依据。劳动者劳动的一部分，被资本家无偿占有了，以等价交换为根本原则的商品经济，实际上却加剧着社会的不平等，加剧着阶级间的冲突和矛盾。恩格斯在《英国工人阶级状况》中，真实记述了英国工人阶级的现实生存境遇。工人被疾病困扰，生活在低等街区，享受不到社会的医疗和教育保障，犯罪问题时有发生，流行性疾病得不到有效遏制，而且

---

[1] 《马克思恩格斯文集》第5卷，人民出版社2009年版，第743—744页。

每天还要从事繁重的劳动。相比之下,资本家的生活境遇则大大不同,与之有天壤之别。21世纪的今天,发达资本主义国家内部的劳动者生活境遇相比于19世纪已经有了巨大改善,但这实际上是劳动者长期斗争、社会中社会主义因素不断积累的结果。另外,不论是发达资本主义国家内部,还是整个资本主义世界,社会的贫富差距都是在不断拉大的。以美国为例,时任美国总统林肯声称美国政府要努力实现民有、民治、民享,以此标榜美国的民主价值追求。但是有研究表明,美国社会实际上是"1%有、1%治、1%享",也就是说,整个社会权力被少数人掌握,整个社会的物质和精神财富也被少数人享有,社会中的大多数人并不享有治理社会的实际权力,也不享有整个社会既有的物质财富,而只是在为少数人创造财富,成为被少数人治理的对象。实际上,这正是压迫和剥削在美国社会的实际表现。至于国际范围内,发达国家与发展中国家的差距日益拉大,发展鸿沟日益加剧,这一点也有目共睹。

更重要的是,资本会为了眼前和短期利益,不断打破既有的社会伦理规范,即便这种伦理规范长远看是为资本服务的,结果给广大劳动者的生产生活造成严重的危害。马克思在《资本论》中曾经引述这样一段话:"一旦有适当的利润,资本就胆大起来。如果有10%的利润,它就保证到处被使用;有20%的利润,它就活跃起来;有50%的利润,它就铤而走险;为了100%的利润,它就敢践踏一切人间法律;有300%的利润,它就敢犯任何罪行,甚至冒绞首的危险。如果动乱和纷争能带来利润,它就会鼓励动乱和纷争。

现代化的理念之问：
如何理解中国式现代化蕴含的"六观"？

走私和贩卖奴隶就是证明。"[①] 这段话深刻揭示了资本主义国家现代化过程中始终坚持资本至上的发展理念。资本主义国家的现代化，本质上是资本的积累及其现代化，整个社会的生产力水平提升，生产关系的变革，政治制度与文化观念的改变，本质上都是围绕资本积累展开和进行的。"铤而走险""践踏法律""鼓励动乱和纷争"等，都是指资本为了自身利润，可以随时无视人民利益的事实。实际上，资本主义社会道德和法律，从长远看也是为资本服务的，但是资本仍旧可以为了眼前利益而打破这种伦理规范，这充分证明了资本扩张的盲目性。在法律道德的约束下，资本对劳动者的剥削和压迫短期内还是有节制的，但是资本的这种内在倾向，必然使劳动者在既有压迫上遭遇更深重的灾难和压迫。

（二）中国式现代化价值观的时代超越

中国式现代化与西方现代化不同，始终坚持"两个毫不动摇"。西方现代化之所以存在着深重的阶级压迫，广大劳动人民的利益之所以得不到保障，归根结底在于西方现代化奠基于资本主义私有制之上，生产资料归私人所有。与之相对，中国式现代化则从所有制这一经济基础出发，毫不动摇地巩固和发展公有制经济，毫不动摇地鼓励、支持、引导非公有制经济发展，从制度层面消灭了阶级压迫的可能，保障了发展为了人民、发展依靠人民、发展成果由人民共享。中国特色社会主义进入新时代以来，我们始终坚持和完善社

[①] 《马克思恩格斯文集》第5卷，人民出版社2009年版，第871页。

会主义基本经济制度,毫不动摇巩固和发展公有制经济,毫不动摇鼓励、支持、引导非公有制经济发展,充分发挥市场在资源配置中的决定性作用,更好发挥政府作用,取得了一系列举世瞩目的重要成就。具体而言,至2022年,国内生产总值从54万亿元增长到114万亿元,我国经济总量占世界经济的比重达18.5%,提高7.2个百分点,稳居世界第二位;人均国内生产总值从39800元增加到81000元。谷物总产量稳居世界首位,14亿多人的粮食安全、能源安全得到有效保障。城镇化率提高11.6个百分点,达到64.7%。制造业规模、外汇储备稳居世界第一。建成世界最大的高速铁路网、高速公路网,机场港口、水利、能源、信息等基础设施建设取得重大成就。我们加快推进科技自立自强,全社会研发经费支出从1万亿元增加到2.8万亿元,居世界第二位,研发人员总量居世界首位。基础研究和原始创新不断加强,一些关键核心技术实现突破,战略性新兴产业发展壮大,载人航天、探月探火、深海深地探测、超级计算机、卫星导航、量子信息、核电技术、新能源技术、大飞机制造、生物医药等取得重大成果,进入创新型国家行列。应该说,正是由于始终坚持"两个毫不动摇",中国社会的生产力才能得到巨大解放,生产关系才能发生巨大变革,新时代十年才能取得如此伟大的成就,才能防止资本的无序扩张,以人民为中心的发展理念才能落到实处。

中国式现代化与西方现代化不同,始终坚持全体人民共同富裕的发展道路。在资本的主导下,严重的阶级压迫与巨大的贫富差距必然伴随西方现代化的始终。但是,中国式现代化是全体人民共同富裕的现代化。共同富裕是中国特色社会主义的本质要求,也是一

现代化的理念之问：
如何理解中国式现代化蕴含的"六观"？

个长期的历史过程。在社会主义革命和建设时期，毛泽东就曾指出，"现在我们实行这么一种制度，这么一种计划，是可以一年一年走向更富更强的，一年一年可以看到更富更强些。而这个富，是共同的富，这个强，是共同的强，大家都有份"①。改革开放以来，邓小平指出："社会主义的本质，是解放生产力，发展生产力，消灭剥削，消除两极分化，最终达到共同富裕。"②从毛泽东到邓小平，党对社会主义本质的理解越来越深入，也越来越科学地理解和把握三大规律，从而在共同富裕的道路上越走越宽阔，越走越有力量。习近平总书记在党的二十大报告中指出："我们坚持把实现人民对美好生活的向往作为现代化建设的出发点和落脚点，着力维护和促进社会公平正义，着力促进全体人民共同富裕，坚决防止两极分化。"③应该说，习近平总书记的重要论述，是对中国共产党共同富裕思想的进一步概括和发展，为中国式现代化道路指明了前进方向。中国特色社会主义进入新时代以来，我们坚持精准扶贫、尽锐出战，打赢了人类历史上规模最大的脱贫攻坚战，全国832个贫困县全部摘帽，近1亿农村贫困人口实现脱贫，960多万贫困人口实现易地搬迁，历史性地解决了绝对贫困问题，为全球减贫事业作出了重大贡献。我们深入贯彻以人民为中心的发展思想，在幼有所育、学有所教、劳有所得、病有所医、老有所养、住有所居、弱有

---

① 《毛泽东文集》第6卷，人民出版社1999年版，第495页。

② 《邓小平文选》第3卷，人民出版社1993年版，第373页。

③ 习近平：《高举中国特色社会主义伟大旗帜 为全面建设社会主义现代化国家而团结奋斗——在中国共产党第二十次全国代表大会上的报告》，人民出版社2022年版，第22页。

所扶上持续用力，人民生活全方位改善。人均预期寿命增长到78.2岁。应该说，这都是西方现代化不可比拟的，是中国式现代化价值观的生动体现。

三

中国式现代化的历史观

中国式现代化的历史观，就是中国在推进现代化的过程中，如何理解现代化的历史事实及其呈现出的深层次历史规律。习近平总书记指出："我国建设社会主义现代化具有许多重要特征。世界上既不存在定于一尊的现代化模式，也不存在放之四海而皆准的现代化标准。邓小平同志说过：'我们搞的现代化，是中国式的现代化。我们建设的社会主义，是有中国特色的社会主义。'我们所推进的现代化，既有各国现代化的共同特征，更有基于国情的中国特色。"[①] 习近平总书记的论述，深刻表明了中国共产党、中国人民对人类社会现代化历程及其背后历史规律的深刻理解，是对世界各国，特别是西方现代化以及中国式现代化时代特征的科学把握。西方资本主义国家以为西方化就是现代化，这实际上是误解了人类社会发展的一般历史规律，误解了人类社会现代化发展历程的一般规律。

---

① 《习近平谈治国理政》第4卷，外文出版社2022年版，第123页。

现代化的理念之问：
如何理解中国式现代化蕴含的"六观"？

（一）西方现代化的历史观

西方资本主义国家引领的现代化，的确率先开启了人类社会现代化的历史进程。资本主义作为一种生产方式，几个世纪以前就出现在地中海沿岸。随着地理大发现和生产力的不断进步，资本主义生产方式从萌芽逐步走向成熟。在《共产党宣言》中，马克思对这一历史进程有着清晰的概括："美洲的发现、绕过非洲的航行，给新兴的资产阶级开辟了新天地。东印度和中国的市场、美洲的殖民化、对殖民地的贸易、交换手段和一般商品的增加，使商业、航海业和工业空前高涨，因而使正在崩溃的封建社会内部的革命因素迅速发展。以前那种封建的或行会的工业经营方式已经不能满足随着新市场的出现而增加的需求了。工场手工业代替了这种经营方式。行会师傅被工业的中间等级排挤掉了；各种行业组织之间的分工随着各个作坊内部的分工的出现而消失了。"[①]

马克思的这段话十分精练地概括了这样几个事实。第一，西方国家，特别是欧洲国家，的确先于世界上其他民族和国家更早地具备了资本主义生产方式发展的客观物质和精神条件。新生产力的发展、新大陆的发现、新航道的开辟等，都为西方国家，特别是欧洲国家通过资本主义摆脱封建时代走向现代化扫清了障碍。第二，西方国家，特别是欧洲国家，确实通过资本主义生产方式的世界扩张，把西方的现代化带到了世界其他民族国家中去。马克思的这段

[①]《马克思恩格斯文集》第2卷，人民出版社2009年版，第32页。

话其实概括了人类史上从地域史走向世界史的发展历程，描述了人类社会从封建时代逐步走向现代，或者说走向资本主义时代的实践路径。这种革命性跨越和历史性变革的内在动力，就是西方，特别是欧洲资本主义国家基于资本主义生产方式的全球扩张而逐步推动的现代化。当时很多国家都出现了资本主义萌芽，例如明朝末期以来，一些商业发展繁荣的城镇逐步兴起，不同于自给自足的小农经营模式，这是一种带有明显资本主义性质的社会交往方式。但是如果让这种资本主义萌芽在其原有的社会生态条件下，遵循其原有的时代轨迹独立成长，恐怕还要在很长的历史时期以后，才能发展为成熟的资本主义生产方式，从而使中国社会超越封建时代走向现代。应该说，欧洲的资本主义模式及其全球化，的确在客观上使其他民族国家加快了步入现代化的历史进程。因此，西方世界内部长期以来持一种欧洲中心论，认为欧洲就是人类社会现代化的模板和母体，资本主义化就等同于现代化，西方化就是现代化的唯一合理合法和有效路径。

冷战结束以后，西方资本主义国家进一步地掌握了对人类社会现代化道路选择的解释权，西方化进一步被等同于现代化。资本主义生产方式虽然砸碎了封建时代，并在一定历史时期引领了全球的现代化进程，但是实际上，资本主义有着自身不可克服且日益严重的内在矛盾。马克思、恩格斯就深刻地认识到了资本主义社会的历史局限性，并基于对历史规律的深刻把握，指明了人类社会发展的社会主义方向。19世纪，伴随着资本主义生产方式的不断发展，无产阶级力量不断壮大，无产阶级运动风起云涌。在《共产党宣言》

现代化的理念之问：
如何理解中国式现代化蕴含的"六观"？

中，马克思对这段历史有着清晰的概括："资产阶级的生产关系和交换关系，资产阶级的所有制关系，这个曾经仿佛用法术创造了如此庞大的生产资料和交换手段的现代资产阶级社会，现在像一个魔法师一样不能再支配自己用法术呼唤出来的魔鬼了。几十年来的工业和商业的历史，只不过是现代生产力反抗现代生产关系、反抗作为资产阶级及其统治的存在条件的所有制关系的历史。"[①] 应该说，马克思的判断既是对历史的清晰概括，也是对未来的准确预见。

进入20世纪，随着列宁领导的十月革命的胜利，以及第二次世界大战之后社会主义阵营的建立，世界社会主义运动进入了新高潮。20世纪社会主义与资本主义的两制并存，甚至针锋相对，并不仅仅是民族国家间的利益之争，同时也是社会主义与资本主义背后两种现代化道路之争。由于苏联社会内部诸多矛盾的激化以及国际形势的复杂变化，20世纪末苏联解体、东欧剧变。在西方资本主义国家看来，这不仅是以美国为代表的西方资本主义世界国家综合实力的胜出，更是资本主义现代化道路的胜利与社会主义现代化道路的失败。冷战结束后，时至今日，西方世界仍旧持一种历史终结于资本主义，西方化、资本主义化是现代化唯一实现路径的历史观。

（二）中国式现代化历史观的时代超越

与西方现代化的路径不同，中国式现代化非但不是在全盘接受资本主义生产方式的过程中实现的，反而是在批判、反思和超越资

---

① 《马克思恩格斯文集》第2卷，人民出版社2009年版，第37页。

本主义生产方式的过程中实现的。1840年鸦片战争以后，由于西方列强入侵和封建统治腐败，中国逐步成为半殖民地半封建社会，国家蒙辱、人民蒙难、文明蒙尘，中华民族遭受了前所未有的劫难。所以，从被卷入现代化的那一刻开始，中国人民就对资本主义生产方式的局限性有着深刻的理解和认知，这也深层次地决定了中国必将走上一条不同于西方资本主义式的现代化道路。

十月革命一声炮响，给中国送来了马克思列宁主义。五四运动促进了马克思主义在中国的传播。在中国人民和中华民族的伟大觉醒中，在马克思列宁主义同中国工人运动的紧密结合中，1921年7月中国共产党应运而生。从此，马克思主义、社会主义，与中华民族对现代化道路的探索紧密结合在一起。中国共产党在马克思主义的指导下深刻认识到，近代中国社会主要矛盾是帝国主义和中华民族的矛盾、封建主义和人民大众的矛盾。经过28年浴血奋斗，中国共产党领导人民，在各民主党派和无党派民主人士的积极合作下，于1949年10月1日宣告成立中华人民共和国，实现民族独立、人民解放，彻底结束了旧中国半殖民地半封建社会的历史，彻底结束了极少数剥削者统治广大劳动人民的历史，彻底结束了旧中国一盘散沙的局面，彻底废除了列强强加给中国的不平等条约和帝国主义在中国的一切特权，实现了中国从几千年封建专制政治向人民民主的伟大飞跃。应该说，是马克思主义的指导和对社会主义的追求，使中国摆脱了亡国灭种的危险，实现了民族独立。这也明确了中国式现代化必将是社会主义式的，必将在马克思主义基本原理同中国具体实际和中华优秀传统文化相结合中不断推进。

现代化的理念之问：
如何理解中国式现代化蕴含的"六观"？

新中国成立后直到1956年，中国共产党领导人民基本上完成对生产资料私有制的社会主义改造，基本上实现生产资料公有制和按劳分配，建立起社会主义经济制度，完成社会主义革命，消灭一切剥削制度，实现了中华民族有史以来最为广泛而深刻的社会变革，实现了一穷二白、人口众多的东方大国大步迈进社会主义社会的伟大飞跃。这使党和人民更加明确地认识到，只有社会主义才能救中国，只有社会主义才能发展中国。改革开放以后，在改革开放和社会主义现代化建设新时期，党面临的主要任务是，继续探索中国建设社会主义的正确道路，解放和发展社会生产力，使人民摆脱贫困、尽快富裕起来，为实现中华民族伟大复兴提供充满新的活力的体制保证和快速发展的物质条件。最终，经过一系列复杂且伟大的变革，我们党意识到中国特色社会主义道路是指引中国发展繁荣的正确道路，中国大踏步赶上了时代。中国特色社会主义进入新时代以来，以习近平同志为核心的党中央，以伟大的历史主动精神、巨大的政治勇气、强烈的责任担当，统筹国内国际两个大局，贯彻党的基本理论、基本路线、基本方略，统揽伟大斗争、伟大工程、伟大事业、伟大梦想，坚持稳中求进工作总基调，出台一系列重大方针政策，推出一系列重大举措，推进一系列重大工作，战胜一系列重大风险挑战，解决了许多长期想解决而没有解决的难题，办成了许多过去想办而没有办成的大事，推动党和国家事业取得历史性成就、发生历史性变革。

十分明显，中国自近代以来，就逐步走上了一条不同于西方的现代化道路。这条现代化道路经过新民主主义革命时期、社会主义

革命和建设时期、改革开放和社会主义现代化建设新时期以及党的十八大以来的新时代十年,已经日益呈现出鲜明的中国特色与时代优越性。这样的历史进程,决定了中国式现代化对资本主义与社会主义关系的理解呈现出与西方完全不同的思想特色,中国式现代化也在这一伟大而漫长的历史进程中,从理论和实践两个维度证明了"现代化=西方化"这一判断的历史局限性。

四

中国式现代化的文明观

中国式现代化的文明观,就是中国在推进现代化过程中,对现代文明的内涵以及不同文明之间时代关系的理解和把握。习近平总书记在党的二十大报告中指出:"物质富足、精神富有是社会主义现代化的根本要求。物质贫困不是社会主义,精神贫乏也不是社会主义。我们不断厚植现代化的物质基础,不断夯实人民幸福生活的物质条件,同时大力发展社会主义先进文化,加强理想信念教育,传承中华文明,促进物的全面丰富和人的全面发展。"[①] 中国式现代化,不是片面追求生产力的进步,不是片面追求物质财富的积累,

---

[①] 习近平:《高举中国特色社会主义伟大旗帜 为全面建设社会主义现代化国家而团结奋斗——在中国共产党第二十次全国代表大会上的报告》,人民出版社2022年版,第22—23页。

而是实现物质文明与精神文明相协调，在推动物质生活共同富裕的同时，积极实现精神生活共同富裕。相比之下，西方现代化最终构建的，实际上是一个单纯追求物质财富积累，忽视精神世界协调发展的文明形态。

（一）西方现代化的文明观

西方资本主义国家在与传统崇高价值追求相割裂的过程中推进现代化，物质主义的膨胀和思想观念的堕落是现代资本主义文化的基本特征。马克思在《共产党宣言》中指出，现代社会"无情地斩断了把人们束缚于天然尊长的形形色色的封建羁绊，它使人和人之间除了赤裸裸的利害关系，除了冷酷无情的'现金交易'，就再也没有任何别的联系了。它把宗教虔诚、骑士热忱、小市民伤感这些情感的神圣发作，淹没在利己主义打算的冰水之中。它把人的尊严变成了交换价值"[①]。进入20世纪以后，这种文化现象日益严重。如霍克海默所言，"人性的堕落与社会的进步是联系在一起的"[②]。交换价值成了衡量伦理道德是否合法的唯一标尺，"旧的尊严方式并没有死亡；相反，它们并入了市场，贴上了价格标签，获得了一种作为商品的新的生命"[③]。生产力决定生产关系，经济基础决定上层建筑，资本主义的生产方式改变了封建时代人与人的社会交往方式，

---

① 《马克思恩格斯文集》第2卷，人民出版社2009年版，第34页。

② 马克斯·霍克海默、西奥多·阿多诺：《启蒙辩证法：哲学断片》，渠敬东、曹卫东译，上海人民出版社2006年版，前言（1944/1947）第3—4页。

③ 马歇尔·伯曼：《一切坚固的东西都烟消云散了：现代性体验》，徐大建、张辑译，商务印书馆2013年版，第143页。

把传统文化中,特别是宗教文化中对崇高价值理念的追求,连同封建社会的腐朽落后,都碾碎在历史的滚滚车轮之下,与传统文化作了最彻底的决裂。

当代资本主义社会一方面使人类社会的生产力水平空前高涨,创造出了以往所有时代不可比拟的物质财富,另一方面却引发人类社会精神生活的普遍空虚与信仰体系的彻底坍塌。物质世界的追求与渴望,对崇高精神生活的拒斥与疏远,物质文明与精神文明发展的极不协调,成为现代资本主义文明的基本特征。对于现代资本主义文明而言,告别传统成了走向现代的唯一出路和根本标志,走向现代也必然意味着同传统的整体决裂。资本主义文明走向了自己传统的反面,没有认真对待自己文化传统中的积极方面,没有从历史中汲取走向未来的物质和精神力量。

在现代西方,对物质主义的崇拜不仅存在于统治阶级,更存在于被统治阶级,都表现为利己主义,对劳动者而言则是利己主义基础上阶级意识的丧失。在现代西方资本主义社会,阶级矛盾始终是社会的主要矛盾,但是在一定历史时期内,无产阶级实际上意识不到自己处于被压迫的地位。资产阶级作为资本的代言人,为了资本积累而崇拜物质主义的同时,工人阶级没有马上把斗争的矛头指向资产阶级,而是同样崇拜物质主义,不断尽自己所能追求更高的工资。因为,现代资本主义社会奉行等价交换的社会交往原则,即便是工资,也的确等同于生产劳动力所需要的商品价值量。这种交往方式掩盖了剥削的本质,工人阶级在一定历史时期内,会误以为自己与资本家处于同样的社会经济地位,因此缺乏阶级意识,并且受到资产阶级意识形态的深刻影响，崇拜物质主义。另外，等价交换原则使资本家和工人都必须从利己主义观念出发，在满足社会需要的基础上满足个人需要，因此，现代社会的物质主义，又在等价交换原则的基础上，表现出深刻的利己主义。马克思曾指出："利益把市民社会的成员联合起来。……他们不是超凡入圣的利己主义者，而是利己主义的人。"[1] 这里所说的"市民社会的成员"是指社会中的一切人，也就是说社会中的一切人都是利己主义者，而这也的确符合在资本主义社会发展的一定阶段内，工人阶级和资产阶级的共同精神处境。本质而言，就是资产阶级意识形态对社会的统治，是阶级压迫在精神领域的文化表达。

（二）中国式现代化文明观的时代超越

与西方现代化不同，中国式现代化始终坚持物质文明与精神文明相协调，在推进物质生活共同富裕的基础上，大力推动精神生活的共同富裕。具体体现在以下几个方面。

第一，坚持中国道路，促进物质生活共同富裕。物质生活共同富裕不仅是精神生活共同富裕的根本目的，更是它的前提和保障。扎实推动物质生活共同富裕，能够彰显中国特色社会主义制度的优越性与先进性，最大限度地凝聚社会共识，增强社会主义意识形态的凝聚力和感召力，从而提升人民的思想境界。社会物质财富的积累，能够为精神生产的发展提供更加强大的物质保障，奠定更为坚

---

[1] 《马克思恩格斯文集》第1卷，人民出版社2009年版，第322页。

实的社会基础。所以，中国式现代化始终坚持中国特色社会主义制度，坚持"两个毫不动摇"，规范和引导资本健康发展，努力实现先富带后富、帮后富，促进经济社会高质量发展，在做大"蛋糕"的同时，把"蛋糕"分好。切实改善民生，健全国家公共服务制度体系，优化收入分配结构，扩大中等收入群体，积极构建基层社会治理新格局。在物质生活共同富裕的基础上，促进精神生活共同富裕。

第二，弘扬中国精神，强化社会主义核心价值观引领。"社会主义核心价值观是当代中国精神的集中体现，凝结着全体人民共同的价值追求。"[1] 推动"两个文明"相协调，就是要在新时代的背景下，积极弘扬中国精神，强化社会主义核心价值观的引领。任何价值观念和精神体系都不是抽象的，它必然要以具体的文化形态作为现实载体。所以，中国式现代化始终推动文化事业的繁荣，加强优秀文化作品创作生产传播，推动中华优秀传统文化的创造性转化和创新性发展，积极构筑中华民族的精神家园。中国式现代化始终以社会主义核心价值观为根本价值取向，推动文化产业的发展，健全现代文化产业体系，在市场原则的基础上，把社会效益摆在首位，努力实现文化产业发展过程中，社会效益与经济效益的统一。同时，充分发挥科学技术，特别是新媒体在健全文化产业体系过程中的积极作用，营造风清气正、昂扬积极的网络文化氛围，真正意义上使社会主义核心价值观深入人心，使中国精神熠熠生辉。

---

[1] 《习近平谈治国理政》第3卷，外文出版社2020年版，第33页。

第三，凝聚中国力量，坚定文化自信。推动"两个文明"相协调，必须凝聚中国力量，增强文化自觉，坚定文化自信，激发人民投身改革开放和社会主义现代化建设事业的热情。习近平总书记指出："文化自信是一个国家、一个民族发展中最基本、最深沉、最持久的力量。"① 因此，中国式现代化深入拓展的过程中，不断增强人民的文化自觉，使人民在文明对话与国际比较中，深刻理解中国特色社会主义文化的思想渊源、精神魅力与价值内涵，准确认知中国式现代化道路的历史特征、实践指向与当代意义，提振新时代中国人民的文化志气、文化骨气、文化底气和文化勇气，能够使人民树立坚定的文化自信，汇聚价值共识与奋斗意志，培育出更为强大、更为主动的精神力量，自觉自信地肩负起推动中国特色社会主义事业不断前进的时代使命，使精神生活共同富裕拥有从观念走向现实、从价值走向事实的坚实思想前提，充分实现精神生活共同富裕的根本价值职能。当然，作为中国力量的重要体现，文化自觉与文化自信不仅表现为改造世界的强大精神意志，更表现为改造世界的实践活动本身。因此，中国式现代化也积极在思维与存在、应然与实然、理论与实践的共存、互动、转化中，进一步巩固精神生活共同富裕存在、发展与深化的社会和精神基础，拓宽精神生活共同富裕的前进道路。

第四，加强文明互鉴，构建中国特色哲学社会科学体系。推动"两个文明"相协调，必须加强文明互鉴，讲好中国故事，提升中

---

① 《习近平重要讲话单行本（2020年合订本）》，人民出版社2021年版，第112页。

国的国际话语权，构建带有中国特色的哲学社会科学体系。随着新时代中国特色社会主义事业的推进，世界的经济、政治、文化格局也正发生着深刻的历史变革。东西方文明的沟通、对话、博弈与冲突，成为当代人类社会发展变革的重要特征。这意味着，在世界经济与政治格局中不断提高中国国际地位的同时，必须积极提升中国文化在世界文化格局中的影响力。目前，西方世界的价值观念仍旧在国际社会占据主导地位。其中一个重要原因，就是它依托于系统化的哲学社会科学体系。所以，中国式现代化始终坚持马克思主义在我国哲学社会科学领域的指导地位，不断建设具有中国特色、中国风格、中国气派的哲学社会科学，在东西方文明的互鉴中，积极提升中国的国际话语权，使当代中国的精神生活共同富裕之路充满生机活力。

五

中国式现代化的民主观

中国式现代化的民主观，就是中国在构建现代化过程中，对民主政治建设内涵的理解及其独特实践表达。习近平总书记在党的二十大报告中指出："全过程人民民主是社会主义民主政治的本质属性，是最广泛、最真实、最管用的民主。必须坚定不移走中国特

现代化的理念之问：
如何理解中国式现代化蕴含的"六观"？

色社会主义政治发展道路，坚持党的领导、人民当家作主、依法治国有机统一，坚持人民主体地位，充分体现人民意志、保障人民权益、激发人民创造活力。"① 全过程人民民主是社会主义民主政治的鲜明特色，是人民当家作主的重要保障，是西方民主政治不可比拟的制度优势。

（一）西方现代化的民主观

西方现代化的民主观，体现了对封建社会等级制度的超越。马克思指出："人的依赖关系（起初完全是自然发生的），是最初的社会形式，在这种形式下，人的生产能力只是在狭小的范围内和孤立的地点上发展着。"② 这是马克思对前现代社会人与人关系的描述。与前现代社会不同，现代社会的特征是，"以物的依赖性为基础的人的独立性"③。封建社会在政治领域奉行着严苛的等级制，统治阶级和被统治阶级享有着不同等的政治权利，被统治者对统治者存在着深刻的人身依附关系。统治阶级的意志可以直接上升为国家意志，强加于被统治阶级。现代资产阶级革命的重要贡献，就是在政治领域赋予社会一切公民平等的政治权利，并以代议制使社会中的一切人都有机会参与到社会和国家治理中，从而确保法律赋予个人的平等政治权利的实现。这将使人与人之间不再存在不平等的依附

---

① 习近平：《高举中国特色社会主义伟大旗帜 为全面建设社会主义现代化国家而团结奋斗——在中国共产党第二十次全国代表大会上的报告》，人民出版社2022年版，第37页。
② 《马克思恩格斯文集》第8卷，人民出版社2009年版，第52页。
③ 《马克思恩格斯文集》第8卷，人民出版社2009年版，第52页

关系,一个等级需要另一个等级保障和维护自身政治权利的时代也就此被消灭了。从这个意义上说,"人的独立性"得以在现代社会中确立起来。

西方现代化的民主本质上是"金钱政治""选票政治",没有真正维护广大劳动人民的利益。习近平总书记指出:"民主不是装饰品,不是用来做摆设的,而是要用来解决人民需要解决的问题的。一个国家民主不民主,关键在于是不是真正做到了人民当家作主,要看人民有没有投票权,更要看人民有没有广泛参与权;要看人民在选举过程中得到了什么口头许诺,更要看选举后这些承诺实现了多少;要看制度和法律规定了什么样的政治程序和政治规则,更要看这些制度和法律是不是真正得到了执行;要看权力运行规则和程序是否民主,更要看权力是否真正受到人民监督和制约。如果人民只有在投票时被唤醒、投票后就进入休眠期,只有竞选时聆听天花乱坠的口号、竞选后就毫无发言权,只有拉票时受宠、选举后就被冷落,这样的民主不是真正的民主。"[①] 习近平总书记的重要论述,为我们把握西方民主政治的本质提供了科学的视角。西方资本主义国家推进现代化进程以来,没有哪个西方国家不宣扬"人人平等""天赋人权""人民是国家的主人"等充满蛊惑力的口号。但实际上,几个世纪以来,广大劳动人民的权益始终没有得到切实的维护。时至今日,大资本家仍旧操纵着选举,金钱就等同于选票,民众的政治参与仅限于投票的一瞬间,此后再没有维护自身合法权益

---

① 《习近平谈治国理政》第4卷,外文出版社2022年版,第258—259页。

的机会。美国枪支泛滥虽然造成了严重社会矛盾，但这一问题始终得不到有效解决，就是因为枪支背后的资本家利益在现实中凌驾于广大人民群众的生命和财产安全之上。

（二）中国式现代化民主观的时代超越

与西方现代化走"三权分立"多党轮流执政道路不同，中国式现代化始终坚持和完善中国共产党领导。"三权分立"和多党轮流执政，本质上都是资本逻辑主导下，不同利益集团相互博弈、彼此妥协、压迫人民的政治工具。中国式现代化奠基于社会主义经济制度，始终坚持并不断完善党的领导，切实保障了最广大人民群众的根本利益。党的十八大以来，我们始终坚持党中央集中统一领导是最高政治原则，系统完善党的领导制度体系，全党增强"四个意识"，自觉在思想上政治上行动上同党中央保持高度一致，不断提高政治判断力、政治领悟力、政治执行力，我们这个拥有近1亿名党员的马克思主义政党更加团结统一。当然，我们也时刻面临新的风险挑战。中国特色社会主义进入新时代以来，世界百年未有之大变局加速演进，新一轮科技革命和产业变革深入发展，国际力量对比深刻调整，我国发展面临新的战略机遇。同时，世纪疫情影响深远，逆全球化思潮抬头，单边主义、保护主义明显上升，世界经济复苏乏力，局部冲突和动荡频发，全球性问题加剧，世界进入新的动荡变革期。我国改革发展稳定面临不少深层次矛盾躲不开、绕不过，党的建设特别是党风廉政建设和反腐败斗争面临不少顽固性、多发性问题，来自外部的打压遏制随时可能升级。

很明显，在这样的时代背景下，如果没有党的坚强领导，我们很难做到未雨绸缪，更难以经受风高浪急甚至惊涛骇浪的重大考验。所以，坚决维护党中央权威和集中统一领导，把党的领导落实到党和国家事业各领域各方面各环节，使党始终成为风雨来袭时全体人民最可靠的主心骨，是中国式现代化不断发展的必由之路和必然选择，也是中国式现代化超越于西方现代化而行稳致远的根本政治保障。

与西方现代化的"选票政治"和"金钱政治"不同，中国式现代化坚持发展全过程人民民主，保障人民当家作主。习近平总书记指出："我国全过程人民民主实现了过程民主和成果民主、程序民主和实质民主、直接民主和间接民主、人民民主和国家意志相统一，是全链条、全方位、全覆盖的民主，是最广泛、最真实、最管用的社会主义民主。"① 过程民主和成果民主相统一是对西方片面重视过程民主的超越。西方的民主政治建设片面重视选举与投票环节，但是忽视其选举结果的有效性和可靠性。相比之下，中国式现代化坚持发展全过程人民民主，坚持过程民主和成果民主的统一，更深刻地保障过程民主最大限度地发挥实践意义，更深刻地保障结果民主的可靠性和有效性，全链条、全方位、全覆盖地保障人民当家作主的实现。程序民主和实质民主的统一，是对西方片面重视程序民主的超越。西方重视选举程序，但看似公正的选举程序实际上是为了维护统治阶级利益。中国式现代化在保证程

---

① 《习近平谈治国理政》第4卷，外文出版社2022年版，第260—261页。

序民主的同时，坚持实质民主，本质上就是在坚持民主形式的基础上，坚决维护最广大人民群众的根本利益，实现政体与国体的统一。直接民主和间接民主深刻反映了民主实现形式的多样性和包容性。人民民主和国家意志相统一根本保障了党的领导、人民当家作主、依法治国有机统一。新时代十年，我们坚持走中国特色社会主义政治发展道路，全面发展全过程人民民主，社会主义民主政治制度化、规范化、程序化全面推进，社会主义协商民主广泛开展，人民当家作主更为扎实，基层民主活力增强，爱国统一战线巩固拓展，民族团结进步呈现新气象，党的宗教工作基本方针得到全面贯彻，人权得到更好保障。社会主义法治国家建设深入推进，全面依法治国总体格局基本形成，中国特色社会主义法治体系加快建设，司法体制改革取得重大进展，社会公平正义保障更为坚实，法治中国建设开创新局面。

中国式现代化的生态观

中国式现代化的生态观，体现着中国在推进现代化建设过程中对人与自然关系的理解和把握。习近平总书记指出："中国式现代化是人与自然和谐共生的现代化。人与自然是生命共同体，无止境

地向自然索取甚至破坏自然必然会遭到大自然的报复。我们坚持可持续发展，坚持节约优先、保护优先、自然恢复为主的方针，像保护眼睛一样保护自然和生态环境，坚定不移走生产发展、生活富裕、生态良好的文明发展道路，实现中华民族永续发展。"①绿水青山就是金山银山。中国始终秉持人与自然和谐共生的基本理念，坚持绿色发展理念。相比之下，西方现代化则以对生态环境的破坏为代价。

（一）西方现代化的生态观

西方资本主义国家在推进现代化过程中始终持狭隘的人类中心主义。当代西方的人类中心主义观念并非产生于现代，早在古希腊时代，人类中心主义的观点就已具备了雏形。普罗泰戈拉认为，"人是万物的尺度，是存在者存在的尺度，也是不存在者不存在的尺度"②。这种观点在古希腊时代颇具代表性。"人是万物的尺度"既是一种价值原则，也是一个实践原则，特别是在处理人与自然关系的过程中，这种理念具有深刻的指导意义。自然是人的对象，是相对于主体而言的客体，自然如何发挥作用，如何具有意义，要以"人的尺度"也就是人的精神和物质需要为根本依据。当然，这种观点在古希腊时代还没引发人与自然关系的紧张甚至对

---

① 习近平：《高举中国特色社会主义伟大旗帜　为全面建设社会主义现代化国家而团结奋斗——在中国共产党第二十次全国代表大会上的报告》，人民出版社2022年版，第23页。

② 北京大学哲学系编《西方哲学原著选读》(上册)，商务印书馆1983年版，第54页。

现代化的理念之问：
如何理解中国式现代化蕴含的"六观"？

立，因为当时社会的生产力水平十分有限，人对自然的改造程度也十分有限，远远没有达到破坏原有生态系统的程度，自然的自我修复能力也远远没有遭到破坏。所以，"人是万物的尺度"这种观念没有得到谨慎的反思，而是被人类社会继承了下来。即便到了基督教时代，自然界相对于人的地位也没有得到真正的改变，因为上帝本质上也是人本质的对象化。近代之后，人类中心主义观念在资本主义发展的一定历史阶段非但没有弱化，反而被加强了。因为西方资本主义国家的生产力得到了大幅度提升，对自然规律的理解和把握，相比于前现代社会也有大幅度的提高，并且相比于以往也能够轻易地从自然界中实现对生产生活需要的满足。这使得人类中心主义观念在资本主义生产力高度发展的一定历史时期内得到了强化。

西方资本主义国家认为自然界是推进社会现代化的手段和工具。黑格尔认为，"自然界是什么？……一方面我们感到自己需要解决这个谜和问题，另一方面我们又为它所排斥。之所以说我们为自然界所吸引，是因为其中预示着精神；之所以说我们为这一异己的东西所排斥，是因为精神在其中不能找到自己"[1]，"利用自然，砍伐它，消磨它，一句话，毁灭它。……不管自然展示和发出什么力量——严寒、猛兽、洪水、大火——来反对人，人也精通对付它们的手段，而且人是从自然界取得这些手段，运用这些手段对付自然本身的；人的理性的狡计使他能用其他自然事物抵御自然力量，

---

[1] 黑格尔：《自然哲学》，梁志学等译，商务印书馆1980年版，第4页。

让这些事物去承受那些力量的磋磨，在这些事物背后维护和保存自己"①。黑格尔的论述，直观表明了西方国家推进现代化过程中对自然界的态度。在现代西方看来，自然界本身没有任何价值和意义，相对于人的现代化而言，它仅具有工具性作用。另外，即便自然界会通过各种形式的自然灾害报复人类，但是人类已经掌握了应对这些灾害的办法与手段。应该说，这充分地彰显了西方现代化生态观的狂妄和无知。

基于这种生态观，20世纪的西方资本主义国家遭受了自然界的报复，并且付出了惨痛代价，震惊世界的"八大公害事件"②就是典型的例证。实际上，随着西方现代化进程的不断深入，西方国家也开始有意识地反思既有的生态观。但是，资本的逐利本性总是能够超出法律和道德对生产力发挥作用范围的规定，从而破坏人与自然的关系。应该说，当代发达资本主义国家进入21世纪以后，进行了系统化的生态环境治理，一些发达国家人与自然的紧张关系得到了缓解。但是，这都是发达资本主义国家依靠把污染严重的产业转移至发展中国家实现的。世界上的欠发达地区正遭受着严重的生态危机，并不停地为西方发达国家的生态保护买单。从这个意义上说，西方现代化生态观的局限性始终存在，并且日益暴露出难以克服的矛盾和弊病。

---

① 黑格尔：《自然哲学》，梁志学等译，商务印书馆1980年版，第6—7页。
② "八大公害事件"是指发生在20世纪30—60年代的八起震惊世界的公害事件，包括比利时马斯河谷烟雾事件、美国多诺拉镇烟雾事件、伦敦烟雾事件、美国洛杉矶光化学烟雾事件、日本水俣病事件、日本富山骨痛病事件、日本四日市事件、日本米糠油事件。

（二）中国式现代化生态观的时代超越

与西方现代化把自然视为发展的工具不同，中国式现代化坚持绿水青山就是金山银山的理念。马克思主义认为："人对自然的关系直接就是人对人的关系，正像人对人的关系直接就是人对自然的关系，就是他自己的自然的规定。"① 所以，生产力不是纯粹的社会范畴，同时也是自然范畴，是自然力通过人类劳动的社会呈现。因此，马克思在《哥达纲领批判》中深刻指出，"劳动不是一切财富的源泉。自然界同劳动一样也是使用价值（而物质财富就是由使用价值构成的！）的源泉，劳动本身不过是一种自然力即人的劳动力的表现"②。自然是生产力的前提和要素，而不仅仅是生产力得以发展的手段和中介。因此，马克思主义一方面正确对待人的主体性意义，另一方面也深刻揭示了人与自然的辩证统一关系。所以，"金山银山"作为生产力的直观表达，"绿水青山"作为良好生态环境的形象呈现，自然是辩证统一、不可分割的。另外，保持良好的生态环境，能够最大限度地推动经济社会发展可持续性。西方社会之所以发生了震惊中外的"八大公害事件"，就是因为没有妥善地保护自然环境，加剧了人与自然的矛盾，导致了生产力发展的不可持续。所以，保护"绿水青山"既是得到"金山银山"的物质前提，也是它的必然选择。习近平总书记深刻指出："尊重自然、顺应自然、保护自然，是全面建设社会主义现代化国家的内在要求。必须

---

① 《马克思恩格斯文集》第1卷，人民出版社2009年版，第184页。
② 《马克思恩格斯文集》弟3卷，人民出版社2009年版，第428页。

牢固树立和践行绿水青山就是金山银山的理念,站在人与自然和谐共生的高度谋划发展。"① 应该说,这也正是中国式现代化生态观的核心内涵及其对西方现代化生态观的理论和实践超越。

与西方现代化对待自然灾害的思路不同,中国式现代化始终坚持以系统思维保护生态环境,构建生态文明。黑格尔指出,西方世界在现代化的一定历史阶段,能够掌握应对自然灾害的办法。的确,生产力的进步建立于对自然规律的深入理解之上,反过来这也有利于人们应对自然界对人类社会的报复。但是,这也从更深层次的意义上反映出,西方现代化始终把自然视为经济社会发展的背景因素和成本项,而没有将之纳入生产力与生产关系发展的各个环节,整体性地把握自然对于人类社会的意义和作用。相比之下,中国式现代化一方面系统地理解自然界本身,另一方面系统地理解人类社会与自然界的互动关系。所以,党的十八大以来,我们始终坚持山水林田湖草沙一体化保护和系统治理,统筹产业结构调整、污染治理、生态保护、应对气候变化,协同推进降碳、减污、扩绿、增长,推进生态优先、节约集约、绿色低碳发展,而非如西方现代化一样,头痛医头脚痛医脚,先污染后治理,被动应对自然界对人类的报复。历史已经证明,我们在生态文明建设领域取得了一系列重要成绩,生态环境保护发生历史性、转折性、全局性变化,我们的祖国天更蓝、山更绿、水更清,而良好生态环境的时代红利也正

---

① 习近平:《高举中国特色社会主义伟大旗帜 为全面建设社会主义现代化国家而团结奋斗——在中国共产党第二十次全国代表大会上的报告》,人民出版社2022年版,第49—50页。

在并必将继续满足人民日益增长的美好生活需要。当然，构建人与自然的和谐关系是一个复杂的历史进程，不是一蹴而就的。对此，习近平总书记深刻指出："要深化对人与自然生命共同体的规律性认识，全面加快生态文明建设。生态文明这个旗帜必须高扬。"[①]

---

① 《习近平谈治国理政》第4卷，外文出版社2022年版，第355—356页。

第五章

现代化的实践之问:
如何统筹推进中国式现代化的
"六对关系"?

CHAPTER 05

习近平总书记在新进中央委员会的委员、候补委员和省部级主要领导干部学习贯彻习近平新时代中国特色社会主义思想和党的二十大精神研讨班开班式上的重要讲话中深刻指出,"推进中国式现代化是一个系统工程",强调"正确处理好顶层设计与实践探索、战略与策略、守正与创新、效率与公平、活力与秩序、自立自强与对外开放等一系列重大关系"。这"六对关系"是党发展中国式现代化形成的科学认识,不仅是系统全面地把握中国式现代化的客观规律,也是党对继续推动中国式现代化的实践指引。

现代化的实践之问:
如何统筹推进中国式现代化的"六对关系"?

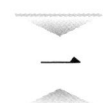

统筹顶层设计与实践探索的关系

党中央将顶层设计与实践探索的关系摆在首位,不论从推进中国式现代化的思想方法还是工作方式而言,都显示这一关系的重要性。顶层设计是系统安排、整体把握;实践探索是组织实施过程,是将理论付诸实践的过程。统筹好顶层设计与实践探索的关系,在中国式现代化推进中具有关键作用。

(一)顶层设计与实践探索是辩证统一的关系

中国式现代化离不开科学的顶层设计,即国家富强、民族振兴、人民幸福的理论蓝图,同时需要通过全方位实践探索将蓝图付诸实施。离开顶层设计,中国式现代化将缺乏理论指导与发展安排;缺乏实践探索,中国式现代化难以形成,因而二者缺一不可。在中国式现代化推进中,顶层设计与实践探索应是辩证统一的关系。

顶层设计事关行动的理念、目标、方向与路径。如果没有科学的顶层设计,实践探索只能在迷雾中前行,存在误入歧途的风险。中国式现代化是前无古人的伟大事业,创造了人类文明新形态。它包括物质文明、政治文明、精神文明、社会文明、生态文明的协调发展和全面提升。如果没有科学的顶层设计指引,目标与路径都会模糊化,不同系统或子系统之间也不会自动有效协同配套,顾此失

彼或者厚此薄彼，由此导致整个经济社会发展失衡的现象就很难避免，影响整体质量的提升。因此，我们需要的顶层设计应当包含社会主义的先进理念、共同富裕的目标追求、合理建构的制度体系和达到目标的基本途径。

实践探索是走向或实现目标的具体行动。一方面，实践探索为顶层设计提供着现实支撑。没有大胆的实践探索，顶层设计只能是乌托邦式的空想；有了实践探索的支撑，顶层设计才能源于实践又高于实践，才能对实践发展发挥指导作用并将蓝图变成现实。中国特色社会主义的道路自信、理论自信、制度自信、文化自信，正是基于新中国成立以来的实践探索，以及在这种实践探索中持续不断取得的巨大成功。在全面建设社会主义现代化国家的新征程上，同样需要通过实践探索才能达到理想的境界。另一方面，实践探索又检验并丰富着顶层设计。为此，我国不仅需要与时俱进地进行实践探索，而且需要通过实践探索促使顶层设计更加完善，进而确保中国式现代化朝着既定的目标、沿着正确的路径稳步前进。

（二）以科学的顶层设计引领中国式现代化的实践探索

习近平总书记指出："进行顶层设计，需要深刻洞察世界发展大势，准确把握人民群众的共同愿望，深入探索经济社会发展规律，使制定的规划和政策体系体现时代性、把握规律性、富于创造性，做到远近结合、上下贯通、内容协调。"[①] 习近平总书记这一重

---

① 《正确理解和大力推进中国式现代化》，《人民日报》2023年2月8日。

现代化的实践之问：
如何统筹推进中国式现代化的"六对关系"？

要论述为我们科学把握、推进中国式现代化顶层设计与实践探索关系提供了认识方法，同时也为顶层设计引领中国式现代化实践探索指明了工作方式。

第一，科学的顶层设计要深刻洞察世界发展大势才能引领中国式现代化的实践探索。不谋万世者，不足谋一时；不谋全局者，不足谋一域。当今世界面临着严峻的全球性挑战与"和平赤字、发展赤字、治理赤字、信任赤字"等世界性难题困扰。站在人类发展的十字路口，习近平在2017年联合国日内瓦总部演讲时首次发出"世界之问"："世界怎么了、我们怎么办？"[①] 正是在洞悉世界发展大势基础上，党中央提出继续完善推进中国式现代化顶层设计，引领中国式现代化的实践探索。其一，在推进中国式现代化基础上提出了维护世界和平的方案；其二，在推进中国式现代化基础上提出了促进共同繁荣的方案；其三，在推进中国式现代化基础上提出了优化全球治理体系的治理方案；其四，在推进中国式现代化基础上提出了实现普遍安全的信任方案；其五，在推进中国式现代化基础上提出了推动开放包容的文明方案。这些顶层设计为引领中国式现代化实践探索创造了良好的外部发展条件。

第二，科学的顶层设计要把握人民群众的共同愿望才能引领中国式现代化的实践探索。人民群众是历史的创造者，人民是党执政兴国的最大底气。党的二十大报告指出："我们坚持把实现人民对美好生活的向往作为现代化建设的出发点和落脚点，着力维护和促

---

① 《习近平谈治国理政》第2卷，外文出版社2017年版，第537页。

进社会公平正义,着力促进全体人民共同富裕,坚决防止两极分化。"① 作为中国特色社会主义事业的坚强领导核心,我们党在推进中国式现代化时,始终坚持实践性与价值性相结合,将以人民为中心的发展思想融入其中。如在推进中国式现代化进程中,始终坚定人民立场,强调消除相对贫困、改善民生、实现共同富裕融入中国式现代化的顶层设计,这是我们党坚持全心全意为人民服务根本宗旨的重要体现,是党和政府的重大责任。只要我们在中国式现代化的顶层设计中,始终牢记江山就是人民、人民就是江山,坚持一切为了人民、一切依靠人民,坚持为人民执政、靠人民执政,坚持发展为了人民、发展依靠人民、发展成果由人民共享,就一定能够引领中国式现代化的实践探索。

第三,科学的顶层设计要符合经济社会的发展规律才能引领中国式现代化的实践探索。马克思主义认为,事物的发展不以人的意志为转移。同样,中国式现代化发展有其自身客观规律,也不以人的意志为转移。然而,在客观发展的经济社会,人具有主观能动性,人民可以在探索和把握历史发展规律下,充分发挥主观能动性来改造世界,从而推动事物向前发展。中国式现代化是一项前无古人的事业,具有复杂性。我们在认识中国式现代化进程中,要充分发挥自身的主观性。通过不断认识现代化的一般规律,结合中国特色社会主义基本世情、国情和党情,认识好中国式现代化的发展规

---

① 习近平:《高举中国特色社会主义伟大旗帜 为全面建设社会主义现代化国家而团结奋斗——在中国共产党第二十次全国代表大会上的报告》,人民出版社2022年版,第22页。

律，掌握历史主动。在进行顶层设计时，要学会从历史长河、时代大潮、全球风云中分析演变机理、探究历史规律，制定发展规划和完善政策体系，以高度的历史自觉和坚定的历史自信赢得复兴路上的历史主动，引领中国式现代化的实践探索。

（三）以果敢的实践探索完善中国式现代化的顶层设计

习近平总书记指出："推进中国式现代化是一个探索性事业，还有许多未知领域，需要我们在实践中去大胆探索，通过改革创新来推动事业发展，决不能刻舟求剑、守株待兔。"[①] 作为一项前无古人的开创性事业，推进中国式现代化必将遇到许多难以预料的风险挑战、面临许多难以解决的时代课题，这就需要全体党员干部敢于在"摸着石头过河"中接力探索，善于在"无中生有"中开拓创新，以增强经验感、实效性，避免重蹈纸上谈兵、虚谈废务的历史覆辙。

以果敢的实践探索完善中国式现代化的顶层设计关键在于理论与实践相结合。顶层设计的落实是在理论与实践相结合的指导下进行的，同时，顶层设计来源于理论与实践相结合的具体探索。首先，顶层设计不是无中生有，是有具体实际内容的战略规划，这一战略规划在形成之前不仅存在于总体理论思想的指导中，而且存在于社会实践中。顶层设计的突出优势在于既牢牢把握发展方向与目标，又不断与实践相结合，并根据实践发展变化而完善自身。其

---

① 《正确理解和大力推进中国式现代化》，《人民日报》2023年2月8日。

次，实践探索不仅要善于发现问题，还要善于总结经验。而且，实践探索也要坚持思想理论的指导，坚持实事求是原则和具体问题具体分析的方法，进一步通过完善顶层设计来解决现实问题。在顶层设计与实践探索相结合的过程中，不仅要牢牢把握理论来源于实践，要问政于民、问需于民、问计于民，还要总结经验，完善顶层设计，进一步解决问题，推动实践发展与社会进步。

统筹战略与策略的关系

战略与策略关系，是习近平总书记提出的推进中国式现代化需要处理好的若干重大关系之一。正确处理好这对关系，有利于继续推进中国式现代化，也是继续推进新时代中国特色社会主义建设的方法。

（一）战略是策略的科学指引

战略是推进中国式现代化的关键。习近平总书记指出："战略问题是一个政党、一个国家的根本性问题。战略上判断得准确，战略上谋划得科学，战略上赢得主动，党和人民事业就大有希望。"[①]

[①]《习近平著作选读》第2卷，人民出版社2023年版，第582页。

现代化的实践之问：
如何统筹推进中国式现代化的"六对关系"？

推进中国式现代化，战略部署好，才能为发展策略指明方向，提供科学指引。正确运用战略策略是我们党创造辉煌历史、成就千秋伟业、战胜各种风险挑战、不断从胜利走向胜利的成功秘诀。推进中国式现代化必须把这一成功秘诀总结好、运用好。要增强战略的前瞻性，准确把握事物发展的必然趋势，敏锐洞悉前进道路上可能出现的机遇和挑战，以科学的战略预见未来、引领未来；增强战略的全局性，谋划战略目标、制定战略举措、作出战略部署，都要着眼于解决事关党和国家事业兴衰成败、牵一发而动全身的重大问题；增强战略的稳定性，战略一经形成，就要长期坚持、一抓到底、善作善成，不要随意改变。

面对继往开来的历史局面，我国发展面临新的战略机遇、新的战略任务、新的战略阶段、新的战略要求、新的战略环境，需要应对的风险和挑战、需要解决的矛盾和问题比以往更加错综复杂。

新的战略机遇揭示了当前我们正面临着西方现代化与中国式现代化推进过程中所带来的重要历史条件，明确了推进中国式现代化新的特定历史机会和境遇。"从根本上讲，新的战略机遇来源于两个百年未有之大变局的加速演绎，来源于中国式现代化的成功推进。"[1]西方现代化模式引发了严重的社会分化与阶级矛盾，全球领导权、全球关键地区控制权的争夺愈加激烈，但发展中国家"群体性崛起"、世界格局"东升西降"成为不可避免的历史趋势。中国式现代化成功推进和拓展，是我们化危为机、抓住战略机遇的定力

---

[1] 张占斌等：《创造中国式现代化新道路》，中共中央党校出版社2022年版，第227页。

和底气所在,也是我们的决心和信心所在。

新的战略任务揭示了当前我们正面临着加快构建新发展格局的重大战略谋划,明确了推进中国式现代化新的阶段性工作重点。加快构建以国内大循环为主体、国内国际双循环相互促进的新发展格局,是《中共中央关于制定国民经济和社会发展第十四个五年规划和二〇三五年远景目标的建议》提出的一项关系我国发展全局的重大战略任务。这是以习近平同志为核心的党中央对经济社会全局发展的整体布局,标志着系统化经济思想的形成,这是新时代的新方略、新棋局,关系"十四五"时期经济社会发展乃至全面建设社会主义现代化国家进程。明确我国实现高质量发展、推动经济现代化的现实路径,对提升我国经济发展水平、促进世界经济繁荣稳定、塑造我国参与国际经济合作和竞争新优势都具有重要意义。

新的战略阶段揭示了当前我们正处在新发展阶段的关键时期,明确了推进中国式现代化新的历史方位。全面建成小康社会、实现第一个百年奋斗目标之后,我们乘势而上开启全面建设社会主义现代化国家新征程、向第二个百年奋斗目标进军,标志着我国社会主义现代化建设进入新发展阶段。新发展阶段是社会主义初级阶段中的一个阶段,也是实现中华民族伟大复兴的重要跨越阶段,还是全面贯彻新发展理念、加快构建新发展格局、推动高质量发展的阶段。这个阶段的展开,事实上也面临着与资本主义制度的竞争问题,事关党和国家事业继往开来,事关中国特色社会主义前途命运,事关中华民族伟大复兴,必须从全局性、总体性、历史性的高度深刻把握。

现代化的实践之问：
如何统筹推进中国式现代化的"六对关系"？

新的战略要求揭示了当前我们正在坚持的"五位一体"总体布局与"四个全面"战略布局，明确了推进中国式现代化新的战略遵循。"五位一体"的总体布局，充分体现了中国式现代化与经济、政治、文化、社会、生态文明"五大建设"之间是系统与要素、整体与局部的关系。只有坚持"五位一体"统筹兼顾、全面推进、协调发展，才能形成经济富裕、政治民主、文化繁荣、社会公平、生态良好的发展格局，把我国建设成为富强民主文明和谐美丽的社会主义现代化强国。"四个全面"战略布局则是新时代坚持和发展中国特色社会主义的实践探索和理论创新的最新成果，是中国特色社会主义的战略布局，也是中国式现代化的战略布局。

新的战略环境揭示了当前我们所面临的百年未有之大变局，明确了推进中国式现代化新的主客观环境和实现条件。当今世界百年未有之大变局加速演进，经济全球化遭遇逆流，逆全球化现象蔓延，保护主义、单边主义、民粹主义上升，世界经济低迷，国际贸易和投资大幅萎缩，全球战略平衡和稳定遭到严重破坏，和平与发展的时代主题面临严峻挑战，国际经济、科技、文化、安全、政治等格局都在发生深刻调整，世界进入动荡变革期。百年未有之大变局意味着当今世界处于转型过渡期，世纪疫情、中美经贸摩擦、乌克兰危机、能源争夺、粮食安全等引发国际格局与国际秩序的新变化，围绕科技革命与产业升级的关键争夺，催生了一系列根本性和全局性的演进，凸显了新旧动能转换的关键时期所带来的一系列战略环境。

新的战略机遇、新的战略任务、新的战略阶段、新的战略要

求、新的战略环境揭示了我们推进中国式现代化的发展环境、任务与安排。面对复杂的国内外局势,科学做好战略安排是我们科学决策、制定发展策略的科学指引。为此,要增强战略的前瞻性,准确把握事物发展的必然趋势,敏锐洞悉前进道路上可能出现的机遇和挑战,以科学的战略预见未来、引领未来。

(二)策略是战略实施的科学方法

要取得各方面斗争胜利,我们不仅要有战略谋划,有坚定意志,还要有策略、有智慧、有方法。应该看到,实施战略的环境条件随时都在发生变化,每时每刻都会遇到新情况新问题。这就需要把战略的原则性和策略的灵活性有机结合起来,灵活机动、随机应变、临机决断,在因地制宜、因势而动、顺势而为中把握战略主动。各地区各部门一方面要恪守战略的原则性,确定工作思路、工作部署、政策措施,要自觉同党的理论和路线方针政策对标对表,及时校准偏差;另一方面也要善于把握策略的灵活性,制定符合实际的工作策略和方法,以创造性贯彻落实赢得主动、赢得优势、赢得未来。

围绕着中国式现代化中心主题,党带领人民始终抓住"五位一体"的总布局和"四个全面"的战略布局,凝心聚力,不断推进新时代中国特色社会主义走向光明未来。在具体实施层面,我们制定了相关发展策略,使战略规划有了实践"着力点"与"奋斗点"。

我们制定推进经济建设和经济治理现代化的发展策略。坚持全面贯彻新发展理念,建设现代化经济体系,更加注重完善有利于激

现代化的实践之问：
如何统筹推进中国式现代化的"六对关系"？

励科技创新的体制机制，加快建设创新型国家；坚持把社会主义和市场经济更好结合起来，完善社会主义基本经济制度和分配制度，朝着全体人民共同富裕道路不断前进。

我们制定推进政治建设和政治治理现代化的发展策略。坚定走中国特色社会主义政治发展道路，坚持党的领导、人民当家作主、依法治国有机统一，完善保障人民当家作主的制度体系，完善中国共产党领导的多党合作和政治协商制度、民族区域自治制度、基层群众自治制度，推进新时代政治现代化的发展步伐。

我们制定文化建设和文化治理现代化。增强意识形态领域的主导权和话语权，坚持马克思主义在意识形态领域的指导地位。"坚持把马克思主义基本原理同中国具体实际相结合、同中华优秀传统文化相结合"[1]，推动中华优秀传统文化创造性转化、创新性发展，提高国家文化软实力。

我们制定社会建设和社会治理现代化的发展策略。加强和创新社会治理，把完善保障和改善民生制度体系放在更加突出的位置，不断增强全体人民的幸福感、获得感、安全感；健全共建共治共享的社会治理制度和社会共同体，完善构建社会主义和谐社会制度体系，建设更高水平的平安中国。

"有一定之略，然后有一定之功。"[2] 我们党之所以能够统一思想、统一步调、团结一致向前进，之所以能够取得革命、建设、

---

[1] 习近平：《在庆祝中国共产党成立100周年大会上的讲话》，《人民日报》2021年7月2日。

[2] 侯外庐主编《中国思想通史》第4卷（下册），人民出版社2011年版，第95页。

改革的伟大胜利和辉煌成就,原因就在于我们党坚持马克思主义指导,高瞻远瞩、见微知著,既解决现实问题,又解决战略问题,准确判断和把握形势,制定切合实际的目标任务、政策策略。走在中国式现代化这条强国建设、民族复兴的康庄大道上,正确运用战略策略的成功秘诀,放眼全局谋一域、把握形势谋大事,中国号巨轮一定能乘风破浪、扬帆远航,迎来更加壮阔的光明前程。

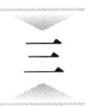

统筹守正与创新的关系

守正与创新关系是习近平总书记强调的又一对推进中国式现代化需要处理的重大关系。推进中国式现代化是一个在继承中不断发展、在守正中不断创新的历史过程。在这项前无古人的开创性事业中,只有正确统筹守正与创新的关系,才能在复杂形势中把稳舵盘、保持航向,不断推进中国式现代化向纵深发展。

(一)守正创新是发展社会主义事业的科学方法

所谓"守正",就是坚守马克思主义基本原理和科学社会主义基本原则,坚守中国共产党的初心和使命,就是正本清源、固本培元，守马克思主义立场观点方法之"正"；所谓创新，就是创马克思主义中国化时代化之"新"，针对具体时代课题，创造性地分析和解决具体问题得出具体结论，就是推陈出新、开创未来，既不落入照抄照搬、食洋不化的教条主义，也不固守刻舟求剑、封闭僵化的经验主义。守正创新将党的认识和实践活动引向合规律性与合目的性的有机统一，深刻反映马克思主义在理论创新和实践创新的良性互动中实现发展的规律，发展了马克思主义哲学方法论，丰富了辩证唯物主义和历史唯物主义的理论内涵。坚持守正创新，使我们创造性地认识和运用马克思主义有立场可定、有原则可依、有主旨可循，回应新时代坚持和发展中国特色社会主义的迫切需要，使党领导的事业在全面建设社会主义现代化国家新征程上更具原则性、指向性、预见性。

进入新时代，我们坚持以习近平新时代中国特色社会主义思想为指导，进一步深化对中国式现代化内涵和本质的认识，形成中国式现代化的中国特色、本质要求和重大原则，初步构建起中国式现代化的理论体系。在推进中国式现代化的新征程上，必须守好中国式现代化的本和源、根和魂，毫不动摇坚持中国式现代化的中国特色、本质要求、重大原则，坚持党的基本理论、基本路线、基本方略，坚持党的十八大以来的一系列重大方针政策，确保中国式现代化的正确方向。

（二）守正创新在新时代具有丰富内涵

习近平总书记在党的二十大报告中明确指出："我们从事的是

前无古人的伟大事业，守正才能不迷失方向、不犯颠覆性错误，创新才能把握时代、引领时代。我们要以科学的态度对待科学、以真理的精神追求真理，坚持马克思主义基本原理不动摇，坚持党的全面领导不动摇，坚持中国特色社会主义不动摇，紧跟时代步伐，顺应实践发展，以满腔热忱对待一切新生事物，不断拓展认识的广度和深度，敢于说前人没有说过的新话，敢于干前人没有干过的事情，以新的理论指导新的实践。"[1]这一重要论述为我们科学把握新时代守正创新内涵提供了指引，指明了研究方向。

第一，在守正创新中坚持和发展马克思主义基本原理。坚持马克思主义理论的指导地位，坚持用马克思主义思想指导中国式现代化，是中国式现代化区别西方现代化的显著特点，也是守正创新的实质内容之一。习近平总书记曾指出："中国共产党为什么能，中国特色社会主义为什么好，归根到底是因为马克思主义行！"[2]因为我们有科学的理论指导，并长期坚持、创新发展，使我国走出了一条不同于西方现代化的发展之路。马克思主义理论有三个显著性质。其一，马克思主义是科学的理论。马克思主义作为一种科学的理论，阐述了人类社会发展的一般规律，用唯物史观与剩余价值学说深刻揭示了资本主义运行规律，为人类指明了从必然王国向自由王国飞跃的途径，为人民铺就实现自由和解放的道路。其二，马

---

[1] 习近平：《高举中国特色社会主义伟大旗帜　为全面建设社会主义现代化国家而团结奋斗——在中国共产党第二十次全国代表大会上的报告》，人民出版社2022年版，第20页。

[2] 习近平：《在庆祝中国共产党成立100周年大会上的讲话》，《人民日报》2021年7月2日。

现代化的实践之问：
如何统筹推进中国式现代化的"六对关系"？

克思主义是人民的理论。马克思主义理论的思想核心是为全人类谋求解放。人民性是马克思主义理论最核心的表达。其三，马克思主义是实践的理论。马克思曾指出："全部社会生活在本质上是实践的"[1]，"哲学家们只是用不同的方式解释世界，问题在于改变世界"[2]。实践性是马克思主义理论的题中应有之义。因此，坚持和发展马克思主义基本原理是守正创新的应有之义。

第二，在守正创新中坚持党的全面领导。办好中国的事情，关键在党。"中国共产党领导是中国特色社会主义最本质的特征，是中国特色社会主义制度的最大优势，是党和国家的根本所在、命脉所在，是全国各族人民的利益所系、命运所系。"[3]历史和人民选择了中国共产党，中国共产党定不负人民。推动中国式现代化发展，必须坚持中国共产党的全面领导。坚持中国共产党的领导，就要不断增强"四个意识"、坚定"四个自信"、做到"两个维护"，牢记"国之大者"，不断提高党科学执政、民主执政、依法执政水平，充分发挥党总揽全局、协调各方的领导核心作用。要坚持唯物史观和正确党史观，从党的百年奋斗中看清楚过去我们为什么能够成功、弄明白未来我们怎样才能继续成功，从而更加坚定、更加自觉地践行初心使命，在新时代更好坚持和发展中国特色社会主义、全面建成社会主义现代化国家、推动中国式现代化行稳致远。

---

[1] 《马克思恩格斯文集》第1卷，人民出版社2009年版，第501页。
[2] 《马克思恩格斯文集》第1卷，人民出版社2009年版，第502页。
[3] 习近平：《在庆祝中国共产党成立100周年大会上的讲话》，《人民日报》2021年7月2日。

第三,在守正创新中坚持和发展中国特色社会主义。党的十八大以来,以习近平同志为主要代表的中国共产党人,立足世界之变、时代之变、历史之变,从理论和实践上系统回答了新时代坚持和发展什么样的中国特色社会主义、怎样坚持和发展中国特色社会主义这个重大时代课题,创立了习近平新时代中国特色社会主义思想,开辟了马克思主义中国化新境界,书写了科学社会主义时代新篇章,是中华民族实现伟大复兴的行动指南。同时,习近平新时代中国特色社会主义思想彰显了马克思主义真理的穿透力,体现了科学社会主义的时代价值,为新时代坚持和发展中国特色社会主义提供了根本指引,极大地激发了全国各族人民投身中国特色社会主义事业建设的巨大热情,筑牢了为实现中华民族伟大复兴而不懈奋斗的共同思想基础。

第四,在守正创新中不断推进马克思主义中国化时代化。习近平总书记指出:"可以告慰马克思的是,马克思主义指引中国成功走上了全面建设社会主义现代化强国的康庄大道,中国共产党人作为马克思主义的忠诚信奉者、坚定实践者,正在为坚持和发展马克思主义而执着努力!"[1] 全面建成社会主义现代化强国必须不断推进马克思主义中国化时代化。历史和人民选择马克思主义是完全正确的,中国共产党把马克思主义写在自己的旗帜上是完全正确的,坚持马克思主义基本原理同中国具体实际相结合、不断推进马克思主义中国化时代化是完全正确的。必须坚持马克思列宁主义、毛泽东

---

[1] 习近平:《在纪念马克思诞辰200周年大会上的讲话》,《人民日报》2018年5月5日。

现代化的实践之问：
如何统筹推进中国式现代化的"六对关系"？

思想、邓小平理论、"三个代表"重要思想、科学发展观，全面贯彻习近平新时代中国特色社会主义思想，坚持把马克思主义基本原理同中国具体实际相结合、同中华优秀传统文化相结合，继续用马克思主义观察时代、把握时代、引领时代。

第五，在守正创新中不断坚持和开辟中国特色社会主义道路。中国所处的时代方位、遭遇的现实矛盾与拥有的思想资源决定中国式现代化要走一条不同于西方现代化的道路。实现中国式现代化必须坚持中国特色社会主义道路。习近平总书记指出："中国共产党和中国人民将在自己选择的道路上昂首阔步走下去，把中国发展进步的命运牢牢掌握在自己手中！"[①] 在现代化探索中，党带领中国人民坚持走中国特色社会主义道路，以马克思主义为指导思想，以人的自由而全面发展为目标，以人民群众为主体力量，以社会主义制度的改革与完善为动力，引领中国人民走中国特色社会主义道路，使中国式现代化极具特色，创造出人类文明新形态。

（三）推动中国式现代化必须统筹守正与创新的辩证关系

创新必须守正，守正则离不开创新，二者是相互依存的辩证统一关系。正是基于对守正与创新辩证统一关系的认识，习近平总书记指出："马克思主义为人类社会发展进步指明了方向，是我们认识世界、把握规律、追求真理、改造世界的强大思想武器。同时，马克思主义理论不是教条，而是行动指南，必须随着实践的变化而

[①] 习近平：《在庆祝中国共产党成立100周年大会上的讲话》，《人民日报》2021年7月2日。

发展。"① 在正确认识和处理守正与创新的关系上，必须摒弃教条主义和历史虚无主义。教条主义是"固守成规"，用条条框框堵住创新的道路；历史虚无主义则是虚化历史，使创新偏离正确方向。教条主义对思想的维护只是形式上的维护，而不是真正的维护，这种形式上的维护往往以正统和纯洁思想的名义割断传统与新的生活经验的联系从而遏制了思想的传承，最终反而断送了传统，使守正成为不可能。历史虚无主义者的错误在于无视思想传统，随心所欲地解释历史，以前人的名义说自己的话，将个人偏见强加于历史，直接阻断了思想传承，阻断了传统向现实的延伸，将个人的主观意志等同于创新，使真正的创新成为不可能。创新存在于现实生活与历史传统的交流与对话之中，传统则在这种交流与对话中得以延续与传承。创新是如何实现的，传统就是如何延续和传承的。从这个意义上说，守正与创新是同一过程的两个方面，二者是一个不可分割的统一体。

不断推进实践基础上的理论创新。"马克思主义理论不是教条而是行动指南，必须随着实践发展而发展，必须中国化才能落地生根、本土化才能深入人心。"② 马克思主义不是书斋里的学问，而是为了改变人民历史命运而创立的，是在人民求解放的实践中形成的，也是在人民求解放的实践中丰富和发展的，为人民认识世界、改造世界提供了强大精神力量。推动马克思主义不断发展是中国共

---

① 《习近平谈治国理政》第4卷，外文出版社2022年版，第30页。
② 习近平：《中共中央关于党的百年奋斗重大成就和历史经验的决议》，《人民日报》2021年11月17日。

产党人的神圣职责。马克思主义的命运早已同中国共产党的命运、中国人民的命运、中华民族的命运紧紧连在一起,它的科学性和真理性在中国得到了充分检验,它的人民性和实践性在中国得到了充分贯彻,它的开放性和时代性在中国得到了充分彰显。因此,实现中国式现代化,必须坚持和发展马克思主义。我们要坚持用马克思主义观察时代、解读时代、引领时代,用鲜活丰富的当代中国实践来推动马克思主义发展,用宽广视野吸收人类创造的一切优秀文明成果,坚持在改革中守正出新、不断超越自己,在开放中博采众长、不断完善自己,"不断深化对共产党执政规律、社会主义建设规律、人类社会发展规律的认识,不断开辟当代中国马克思主义、21世纪马克思主义新境界"。

四

统筹效率与公平的关系

效率与公平的关系是习近平总书记提出的推进中国式现代化需统筹的若干重大关系之一,提升效率、促进公平为推进中国式现代化提供了动力。习近平总书记曾指出,中国式现代化是全体人民共

---

① 张占斌等:《创造中国式现代化新道路》,中共中央党校出版社2022年版,第227页。

同富裕的现代化。既要创造比资本主义更高的效率，又要更有效地维护社会公平，更好实现效率与公平相兼顾、相促进、相统一。①只有统筹效率与公平的关系，在做大"蛋糕"的同时分好"蛋糕"，才能让现代化建设成果更多更公平惠及全体人民。因此，认识、把握和处理效率与公平两者之间关系具有重要意义。

（一）把握效率与公平的辩证关系

认识、把握效率与公平的辩证关系是统筹二者关系的前提。概言之，效率与公平在理论上是一种辩证关系，在实践中是一种相辅相成关系。

首先，公平是效率的保证。其一，实现公平保证了每一位人民的权利与机会，是实现效率的保证。公平的实质是使参与中国特色社会主义建设的每一位公民都有平等的政治地位和社会地位，保障推动中国式现代化的建设者都有平等的机会参与社会主义市场经济建设，有平等的权利支配社会稀缺资源。公平分"权利公平"与"机会公平"，二者都是社会经济健康运行的基石。在推进中国式现代化进程中，只有保证每一位建设者都有机会参与建设、共享中国式现代化发展红利，才能提高公民参与社会经济的积极性，经济活动才有活力，经济效率才能提高。其二，公平规范了市场运行的秩序和方向，是提升效率的保证。马克思、恩格斯认为，经济关系是一切社会关系的基础，而"每一既定社会的经济关系首先表现为利

---

① 《正确理解和大力推进中国式现代化》，《人民日报》2023年2月8日。

益"①，说明每个人都必须依赖经济利益而存在。也就是说，人是一切社会生产关系的总和，其中既有发展利益一致的地方，同样也包含着利益间的冲突。公平作为一种调节利益、避免利益冲突的价值规范，能减少市场经济因利益冲突产生的摩擦，维持市场秩序，从而达到缩减交易成本、间接提高效率之目的。生产公平、交易公平、分配公平、消费公平就是这种规范的具体体现。当一个经济共同体频繁发生欺诈、失信等不遵守公平交易规则的行为时，防范风险的成本会急剧上升，效率会受到巨大影响；当局势恶化到一定程度，市场就会走向解体。因此，着力实现公平，是提升效率的保证。其三，公平为提升效率创造了动力。公平对效率的作用也体现在分配公平上。分配公平包括两方面内容：一是公平保证了社会主义建设的劳动者都能按照劳动要素的贡献率获得基本收入；二是分配公平尽量缩小劳动者之间因劳动禀赋差异而获得的"不均等"收入。在市场经济中，坚持按劳分配，充分维护了劳动者的主体地位，是激发劳动者生产积极性、提高劳动生产率最有效的手段，实质上构成了社会经济发展的动力机制。

其次，效率是实现公平的基础。一是效率为公平兑现准备了物质基础。在人类基本经济活动中，公平主要依赖于分配方式即对物质资料的占有来体现。不同的生产效率条件下，物质资料生产的结果也不尽相同，从而导致公平实现方式、内容、范围也会各不相

---

① 恩格斯：《论住宅问题》，人民出版社2019年版，第86页。

同。在马克思的设想中，分配公平在社会主义社会通过按劳分配兑现，而在"生产力也增长起来，集体财富的一切源泉都充分涌流之后"的共产主义社会，就可以做到"各尽所能，按需分配"[①]。这就充分说明了生产力因素对公平的制约作用，在生产力高度发展的状况之下，人们将获取更高形式的公平。因此，基于效率提升下的生产力进步不但能够促进生产的发展，更为分配的进行提供了物质资料的准备。二是效率为公平兑现提供了基本保障。公平的普适性特点，对其兑现提出了苛刻的效率要求。在经济活动中，规则公平的达成依赖于承载公平规则的制度执行和相关价值观念的形成。一种新的公平制度出台后，不仅要通过执行落实使其成为社会共同遵守的行为准则，更要经过诸如宣传、教育等方式促使社会成员普遍认可并形成价值自觉。在这个兑现过程中，效率的作用十分关键。公平的普适性特点要求用高效的方式将其规则与观念迅速推广到全社会。否则，在推广过程中呈现出的差异化状态就会导致不平等现象产生，从而给公平的兑现带来挑战。在现实中，许多公平的制度没有取得预期效果，往往就在于执行过程中的低效率。从这个角度来看，任何规范经济行为之制度的高效率执行，本身也是公平的体现。

总之，效率强调发展生产力，要求推动实现高质量发展，在更高层次上做大"蛋糕"，坚持"发展是硬道理"。公平强调优化生产关系，要求把促进全体人民共同富裕摆在更加重要的位置，在更高

---

① 《马克思恩格斯文集》第3卷，人民出版社2009年版，第435—436页。

水平上分好"蛋糕",着力追求"造福人民的发展"。作为经济社会发展的两大重要目标,统筹效率和公平,促进全体人民共同富裕是中国式现代化的本质要求。

（二）推进中国式现代化要统筹效率与公平的关系

推进中国式现代化就是要在发展中注重提升生产效率,同时也要实现公平。正确处理效率与公平的关系,可以从以下几方面努力。

第一,在实现高质量发展中统筹效率与公平的关系。习近平总书记在党的十九大报告中指出:"我国经济已由高速增长阶段转向高质量发展阶段,正处在转变发展方式、优化经济结构、转换增长动力的攻关期,建设现代化经济体系是跨越关口的迫切要求和我国发展的战略目标。"[①]显然,努力推动经济实现高质量发展,这是党中央立足现实条件、发展特征变化作出的重大战略决策,是对我国发展阶段的一个重大判断,深刻揭示了新时代中国经济发展的历史方位和基本特征。高质量发展的含义就是推动经济发展质量变革、效率变革、动力变革,提高全要素生产率,着力加快建设实体经济、科技创新、现代金融、人力资源协同发展的产业体系,着力构建市场机制有效、微观主体有活力、宏观调控有度的经济体制,不断增强我国经济创新力和竞争力。高质量发展本身就蕴含了效率与公平在更高水平上协调发展的目标,是在做大"蛋糕"

---

① 《中国共产党第十九次全国代表大会文件汇编》,人民出版社2017年版,第24页。

的同时分好"蛋糕"。

第二,在提高发展平衡性协调性包容性中统筹效率与公平的关系。完善社会主义市场经济,推动经济发展质量变革、效率变革、动力变革,关键在于提高发展的平衡性、协调性、包容性。当前,我国经济运行中存在的各种问题和矛盾,表现形式虽各有不同,但根源都是结构性失衡。因此,要在发展中提升效率、实现公平,需要不断提升发展的平衡性、协调性与包容性。一是通过实施区域重大战略和区域协调发展战略、健全转移支付制度等手段提高区域发展的平衡性、协调性和包容性;二是加快垄断行业改革,推动金融、房地产同实体经济融合发展,提升行业发展的平衡性、协调性和包容性;三是支持不同规模、不同性质的企业发展,提升行业发展平衡性、协调性和包容性。这样才能在提高发展平衡性、协调性、包容性中统筹效率与公平的关系。

第三,在促进基本公共服务均等化中统筹效率与公平的关系。中国式现代化是全体人民共同富裕的现代化。中国式现代化到了新发展阶段,就要着力防止收入差距拉大。只有实现共同富裕,社会生产才有活力,效率才能提升。促进基本公共服务均等化,是防止收入差距过大的一种有效手段,在实施中也应注意统筹效率与公平的关系。低收入者是促进基本公共服务均等化的重点帮扶保障人群,要以这一类人群为重点,让全体公民能公平可及地获得均等的基本公共服务,不断提升人民群众的获得感、幸福感和安全感,这样才能把握效率与公平的辩证关系。为此,要加大教育支出,从结构上加大普惠性人力资本投入,提升教育的普及性；要不断完善养老和医疗保障体系建设，完善兜底救助体系，完善住房供应和保障体系，为低收入者提供更加便捷的公共服务。

第四，在扩大中等收入群体规模中统筹效率与公平的关系。推进中国式现代化是一个复杂的过程，它涉及方方面面，必须系统推进、整体把握。中国式现代化不仅强调生产实现高质量发展，同时也涉及交换、分配、消费等方面，只有整体推进、协调发展，才能保证中国式现代化发展的效率和公平。为此，提升中等收入群体规模，实现分配公平正义，扩大居民收入，才能用消费拉动生产，实现效率。中等收入群体概念十分广泛，主要包括高校毕业生、技术工人、中小企业主和个体工商户、进城务工人员、公务员特别是基层一线公务员及国有企事业单位基层职工等。因此，提升中等收入群体要精准施策，推动更多低收入者迈入中等收入行业。例如做好高校毕业生的就业工作，做好技术工人的培育工作，做好中小企业主和个体工商户的服务工作，做好进城农民工的落户工作，做好基层公务员和国有企事业单位基层职工的待遇工作等，都能扩大中等收入群体规模，统筹好中国式现代化发展效率与社会公平的关系。

第五，在三次分配协调联动中统筹效率与公平的关系。科学、合理的分配制度既能促进效率，又能体现公平。当前仍然要坚持按劳分配为主体、多种分配方式并存，构建初次分配、再分配、第三次分配协调配套的制度体系。尤其是要坚持多劳多得的原则，继续鼓励勤劳致富，促进机会平等。在依法保护合法收入的同时，防止

两极分化,消除分配不公。顶层设计要与基层创新相结合,建立现代化税收制度。

第六,在促进人民精神生活共同富裕中统筹效率与公平的关系。习近平总书记在党的二十大报告中强调:"中国式现代化是物质文明和精神文明相协调的现代化。"从发展角度看,物质文明与精神文明协调发展是中国式现代化的要求。只强调物质文明而忽视精神文明建设,或只强调精神文明而忽视物质文明建设,都不是中国式现代化的发展要义。实现人民精神生活共同富裕,既能提升中国式现代化的效率,又能体现中国式现代化的公平。为此,中国式现代化要继续强化社会主义核心价值观的引领作用,大力发展公共文化事业,完善公共文化服务体系,实现人民精神生活共同富裕。

第七,在促进农民农村共同富裕中统筹效率与公平的关系。农村在我国经济社会发展中占据重要地位,但发展程度相对落后于城市。推进中国式现代化,促进全体人民共同富裕,最艰巨、最繁重的任务仍然在农村。因此,要在促进农村共同富裕中统筹效率与公平的关系。为此,要继续巩固我国脱贫攻坚成果,实现全体人民的分配公平;要继续拓展脱贫攻坚成果同乡村振兴有效衔接,通过加快农业产业化、盘活农村资产等形式,推进乡村振兴,提升中国式现代化发展效率;要继续加强农村基础设施和公共服务体系建设,让中国式现代化发展红利更多惠及广大农村地区,在提升效率与实现公平中推动共同富裕。

现代化的实践之问：
如何统筹推进中国式现代化的"六对关系"？

统筹活力与秩序的关系

活力与秩序是习近平总书记强调的一组推进中国式现代化需要处理好的重大关系。一个现代化的社会，应该既充满活力又拥有良好秩序，呈现出活力和秩序的有机统一。中国式现代化应当实现也能够实现活而不乱、活跃有序的动态平衡。因此，统筹活力与秩序之间的关系，对于推动中国式现代化发展具有关键作用。

（一）统筹活力与秩序关系的价值意蕴

秩序代表着社会的有序、和谐与稳定，活力则蕴含着社会的丰富性、多样性。统筹活力与秩序的关系，是我们党深刻把握社会治理规律、探索社会主义建设经验、实现社会治理现代化的科学总结，为我们理解中国式现代化提供价值规范、方向指导与实践指引。

其一，统筹活力与秩序关系是我们党对社会治理规律的深刻把握。以毛泽东、邓小平、江泽民、胡锦涛、习近平为主要代表的中国共产党人从社会主要矛盾出发，团结带领全国各族人民积极探索社会主义，逐渐形成具有中国特色的社会治理体系，并在完善社会治理结构中优化治理方法，在不断推进社会治理现代化中深刻把握我国社会治理的规律性认识，使我们看问题更加全面、系统，在社

会实践中不断提高社会治理的预见性。可以说,对活力与秩序关系的把握,是我们党对社会治理规律的深刻理解。中国式现代化既要强调社会活力,让劳动创造者充分发挥创新能力,汇聚起推动中国式现代化向前发展的合力;又要强调社会秩序,在稳定有序的发展条件下,让生产财富充分涌流,实现社会发展红利为人民群众共享。

其二,统筹活力与秩序的关系是我们党建设社会主义的实践探索。在中国特色社会主义的实践探索中,我们党不断深化社会治理的规律性认识,不断改进和完善处理活力与秩序的关系,使我们推动中国式现代化更加从容。习近平总书记指出:"社会治理是一门科学,管得太死,一潭死水不行;管得太松,波涛汹涌也不行。"①寓活力于秩序之中,建秩序于活力之上,实现社会有序运行与社会活力迸发相统一、相协调,确保人民安居乐业、社会安定有序、国家长治久安,才能确保中国式现代化稳步向前。改革开放前,我们在处理活力与秩序关系时有所侧重,往往陷入"一统就死、一放就乱"的治理怪圈,秩序与活力陷入悖反状态,社会治理难以摆脱怪圈。新时代,我们不断平衡活力与秩序之间的关系,在中国特色社会主义建设中找到二者之间的交汇点,不断推进中国式现代化。在多年的现代化建设实践中,我国由改革开放初期的以经济建设为中心,发展到包括政治、经济、文化、社会与生态文明在内的"五位一体"的国家建设总体布局,党的建设、国防和军队建设等均取得

---

① 《习近平关于社会主义社会建设论述摘编》,中央文献出版社2017年版,第125页。

现代化的实践之问：
如何统筹推进中国式现代化的"六对关系"？

了长足的发展，这意味着我国的治理结构日趋完善，这种语境下所形塑的秩序与所涌现的活力日益趋于均衡状态。与之相适应，也形成了包括政治制度体系、经济制度体系、生态文明制度体系等在内的"多维一体"的国家治理制度体系。随着国家治理结构日益趋向合理化，国家制度和治理体系也必定日益健全与高效。我国社会经济获得持续快速高质量发展，社会保持长期的繁荣昌盛稳定，这意味着以国家治理能力为表征的国家治理效能不断获得强化，在保持社会活力蓬勃旺盛的基础上逐步创造了社会长期稳定奇迹的治理秩序。

其三，统筹活力与秩序的关系是我们党实现治理现代化的科学总结。活力与秩序的关系是治理现代化的重要内容，统筹活力与秩序关系是党推进治理现代化需要解决的问题。从结果而言，统筹活力与秩序的关系也是党实现治理现代化的科学总结。"新中国成立70多年来，党不断开启治理现代化新境界。"[①] 党的十一届三中全会开启的改革开放之路为两大奇迹的生成提供了重要的现实路径和方法；党的十八届四中全会首倡"善治"；党的十九大将"人民对美好生活的向往"视作新的治理目标，重在强调治理现代化的人民性；党的十九届四中全会提出基于"制度现代化"助推"治理现代化"的总目标、总要求，并擘画路线图，着重强调了技术手段在推进"治理现代化"中的作用，"对数字技术的倡导及其运用无疑将极大提升治理效能，最大化发挥治理制度的优越性和赋能国家治

---

① 陈曙光：《不断开启"中国之治"新境界》，《学习时报》2019年11月4日。

理"①，其对治理的精细化塑形将有效提升治理境界，进而助推治理秩序的稳定和谐。我们党在新时代推进治理现代化所取得的成就，都是在统筹活力与秩序的前提下实现的。因而，统筹活力与秩序的关系是我们党实现治理现代化的科学总结。

（二）科学把握活力与秩序的辩证统一关系

健康、良好的社会秩序是社会焕发活力的前提和保障，社会活力的奔涌则进一步促进社会秩序的提升，活力和秩序两者相辅相成、辩证统一。

社会的活力主要体现在土地、劳动力、资本、技术、数据等生产要素的运动和涌流。社会的秩序主要体现在党和政府对各类社会活动必要的、依法的规范和监管、调控和治理，也包括社会组织、企事业单位、居民个人等的自我管理。推进中国式现代化就是要实现社会有序运行与社会活力迸发相统一、相协调，确保人民安居乐业、社会安定有序、国家长治久安。世界现代化历程的一般规律表明，一个国家在从传统社会向现代社会转变的过程中，往往都要经历一个社会矛盾和风险的高发期。在追求现代化的艰苦卓绝奋斗中，我们党领导人民创造了世所罕见的经济快速发展和社会长期稳定两大奇迹，不仅用几十年时间走完发达国家几百年走过的工业化历程，更在实现经济快速发展的同时有效应对转型阵痛、确保社会长期稳定，让经济社会发展的活力有序释放。实践充分表明，只有

---

① 黄其松、刘强强：《论国家治理结构的技术之维》，《求索》2021年第1期。

在秩序的框架下，保持稳定安全的社会环境，才能不断释放经济社会发展活力，汇聚源源不断的发展动力。因此，要科学把握活力与秩序的辩证统一关系。

（三）统筹活力与秩序关系的实现途径

推进中国式现代化，必须以改革开放激发创新创造活力，以经济社会有序稳定为改革创新创造条件。统筹活力与秩序的关系，在实践中需要把握好以下几点。

一是在生产方面实现经济的高质量发展。一个富有活力的社会，必定能激发人民群众创造财富的积极性。因此，在推进中国式现代化进程中，要继续以经济建设为中心，努力发展经济，不断激发群众创造财富的热情，从而提升社会治理的活力。为此，要坚持全面深化改革，进一步解放思想，解放和发展社会生产力，解放和增强社会活力，满足人民群众日益增长的美好生活需要。在增加社会财富的基础上更加关注弱势群体的权益，为其提供有效的利益保障机制与救济机制，通过利益的合理分配与利益补偿来改善弱势群体的生存状况。

二是在保证民主方面坚持我国基本政治制度。一个现代化的社会，必定是一个秩序稳定的社会。从政治建设而言，统筹活力与秩序的关系就要是规范民主秩序，保证公民民主权利。因此，要进一步发挥好人大和政协在反映民情、疏通民意上的渠道作用，完善人民代表大会制度和政治协商会议制度，在代表候选人的产生上注意地域、行业、产业与职业的划分，通过提高代表的"代表性"，不

断提升不同利益群体在现有的政治体制框架内表达诉求的效度;政府要在阳光下运行,通过行政事务公开、决策依据公开、程序公开、结果公开来进一步增强政府决策的透明度,保证公民对利益相关的事项享有充分的知情权和监督权,为公民获取信息、影响决策提供便利。

三是在规则制定方面发挥制度建设的重要作用。一个有秩序的社会并不排斥冲突的存在,而是需要合理、恰当的规则,通过配套齐全的制度安排来化解矛盾,使冲突得到缓和,利益得到满足。因此,要完善利益表达机制,党和政府应该以各种利益平衡者和仲裁者的身份来优化制度供给,为社会各个阶层搭建表达利益诉求的制度平台,建立健全基层民主制度、协商谈判制度、信访制度、听证制度、信息公开制度、人民建议征集制度等,确保民众诉求能够合法、有序地进入决策程序,确保人民群众的利益表达有序化、制度化,只有这样才能统筹好活力与秩序的关系。

四是在价值引领方面弘扬社会主义核心价值观。一个充满活力与秩序的社会,不仅要依靠法律制度、规则构建秩序,社会价值引领也不可或缺。社会主义核心价值观植根于中国特色社会主义实践,真正反映了最广大人民的根本利益与共同愿望。应当积极培育和践行社会主义核心价值观,以核心价值凝聚社会共识,努力寻求利益上的交汇点和结合点,有效整合社会价值观念,实现不同社会成员利益的相对最大化。在中国共产党的领导下,我国建立的利益表达机制必须发挥核心价值的引导作用,积极引领、激励、规范人民群众的利益追求,既允许追求个体的合法利益,又要把个体的利益实现纳入到国家的利益实现中，从而平衡社会治理的活力与秩序。

统筹自立自强与对外开放的关系

坚持自立自强，是一个国家实现现代化的必要前提，更是中国式现代化的发展之基。习近平总书记指出："要坚持独立自主、自立自强，坚持把国家和民族发展放在自己力量的基点上，坚持把我国发展进步的命运牢牢掌握在自己手中。"[1] 这一判断深刻揭示了中国式现代化是中国共产党领导的社会主义现代化，是致力于实现14亿多中国人民共同富裕的现代化。

（一）自立自强要求我们要坚持自信自立

自信是实现自立自强的精神动力。中国人民和中华民族从近代以后的深重苦难走向伟大复兴的光明前景，从来没有教科书，更没有现成答案。中国式现代化是中国共产党领导人民独立自主探索出来的发展方案，马克思主义的中国篇章也是中国共产党依靠自身力量实践出来的，贯穿其中的一个基本点就是中国的问题必须从中国

---

[1] 《正确理解和大力推进中国式现代化》，《人民日报》2023年2月8日。

基本国情出发,由中国人自己来解答。习近平总书记指出:"我们要坚持对马克思主义的坚定信仰、对中国特色社会主义的坚定信念,坚定道路自信、理论自信、制度自信、文化自信,以更加积极的历史担当和创造精神为发展马克思主义作出新的贡献,既不能刻舟求剑、封闭僵化,也不能照抄照搬、食洋不化。"① 推进中国式现代化要坚持自信自立,前提就是要有自信。习近平总书记强调的"四个自信"为我们把握自信自立、自立自强提供了价值指引。

第一,道路自信是自立自强的基本。坚定的道路自信是实现自立自强的基本,为推进中国式现代化创造了物质基础。党的十八大以来,在以习近平同志为核心的党中央坚强领导下,在习近平新时代中国特色社会主义思想科学指引下,中国特色社会主义道路越走越宽广,中华民族伟大复兴展现出前所未有的光明前景。其一,我们成功走出了一条中国式现代化发展的新道路。在新中国成立特别是改革开放以来的长期探索和实践基础上,经过党的十八大以来在理论和实践上的创新突破,我们党领导人民成功走出了中国式现代化道路,破解了人类社会发展的诸多难题,摒弃了西方以资本为中心的现代化、两极分化的现代化、物质主义膨胀的现代化、对外扩张掠夺的现代化老路,拓展了发展中国家走向现代化的途径,为人类对更好社会制度的探索提供了中国方案。其二,我们创造出人类

---

① 习近平:《高举中国特色社会主义伟大旗帜　为全面建设社会主义现代化国家而团结奋斗——在中国共产党第二十次全国代表大会上的报告》,人民出版社2022年版,第19页。

现代化的实践之问：
如何统筹推进中国式现代化的"六对关系"？

文明新形态。我们党深刻把握各国现代化的共同特征，牢牢立足基于国情的中国特色，创造性运用社会主义建设规律和人类社会发展规律，领导人民沿着中国特色社会主义道路推进和拓展中国式现代化，让伟大的中华文明焕发出时代光彩，创造了人类文明新形态。其三，中华民族伟大复兴展现出前所未有的光明前景。党的十八大以来，在党的全面领导下，我们经受住了来自政治、经济、意识形态、自然界等方面的风险挑战考验，党和国家事业取得历史性成就、发生历史性变革，我们完成了脱贫攻坚、全面建成小康社会的历史任务，实现了第一个百年奋斗目标，正朝着全面建设社会主义现代化国家而奋斗，中华民族伟大复兴展现了光明的发展前景。这些历史成就让我们更加坚定道路自信，为我们面对复杂的国内外形势、坚定自立自强创造物质前提。

第二，理论自信是自立自强的前提。理论上的成熟是政治上成熟的基础，政治上的坚定源于理论上的清醒。习近平总书记指出："我们党之所以能够不断历经艰难困苦创造新的辉煌，很重要的一条就是我们党始终重视思想建党、理论强党，坚持用科学理论武装广大党员、干部的头脑，使全党始终保持统一的思想、坚定的意志、强大的战斗力。"① 在新中国成立特别是改革开放以来的长期探索和实践基础上，经过党的十八大以来在理论和实践上的创新突破，我们深化了对中国式现代化发展脉络、理论内涵、发展演变的认识规律，深刻把握中国式现代化特征、优势，科学做好推进中国

---

① 《深刻认识马克思主义时代意义和现实意义 继续推进马克思主义中国化时代化大众化》，《人民日报》2017年9月30日。

式现代化的战略部署,使中国式现代化理论更加成熟,为我们自立自强地走中国式现代化道路提供智力支撑。

第三,制度自信是自立自强的保障。我国社会制度建设,是实现自立自强的政治保障。党的二十大报告指出,不断谱写马克思主义中国化时代化新篇章,必须坚持自信自立。中国特色社会主义制度是当代中国发展进步的最大优势和制度保证,是自信自立的定力所在。制度稳则国家稳,制度强则国家强,迈向社会主义现代化强国新征程,实现中华民族伟大复兴,我们必须始终坚持制度自信。我们的制度自信源自于党的集中统一领导、卓越的治理效能、强大的自我完善能力及广大人民的拥护。因而,大力推进制度建设,提升制度自信,是推进中国式现代化的政治要求,为我们实现自立自强创造条件。

第四,文化自信是自立自强的动力。文化是一个民族发展的持久动力,也是我们实现自立自强的支撑。党的十八大以来,我们坚持马克思主义在意识形态领域指导地位的根本制度,坚持为人民服务、为社会主义服务,坚持百花齐放、百家争鸣,坚持创造性转化、创新性发展,以社会主义核心价值观为引领,发展社会主义先进文化,弘扬革命文化,传承中华优秀传统文化,满足人民日益增长的精神文化需要,巩固全党全国各族人民团结奋斗的共同思想基础,不断提升国家文化软实力和中华文化影响力。这些优秀文化提振了我们推进中国式现代化的信心,增强了实现自立自强的自信。

（二）大力实现科技领域的自立自强是关键

科学技术是推动人类社会发展的革命性力量。科技创新是具有极强主体性、自主性、自为性、自控性和自由性的活动。自立自强是科学技术创新的本质属性和内在要求，依附性的人格特征和庸常沉沦的精神状态与科学技术格格不入。所谓科技自立自强，是指科学家或科技工作者为认识客观世界的本质及其运动变化规律，为探究改造客观世界的手段、途径及其方法论体系，在科技创新中所表现出来的独立自主而非仰赖他人、勇攀高峰而非浅尝辄止、臻于完美而非抱残守缺以及自强不息而非松懈停滞的一种活动状态和精神气质。

党的十八大以来，党中央把科技创新摆在国家发展全局的重要位置，推动我国科技事业取得历史性成就、发生历史性变革。在向第二个百年奋斗目标进军的新时代新征程上，经济社会发展比过去任何时候都更加需要科学技术，更加需要增强创新这个第一动力。习近平指出，"加快科技创新是推动高质量发展的需要"，"加快科技创新是实现人民高品质生活的需要"，"加快科技创新是构建新发展格局的需要"，"加快科技创新是顺利开启全面建设社会主义现代化国家新征程的需要"。[①] 只有大幅提高原始创新能力，着力攻克一批"卡脖子"的关键核心技术，创造出更多属于我们自己的"国之重器"，加快实现高水平科技自立自强，中华民族在实现伟大复兴

---

① 习近平：《在科学家座谈会上的讲话》，人民出版社2020年版，第3页。

的关键时刻才能攻坚克难、蹄疾步稳。

实现高水平科技自立自强,一方面,需要大量创新人才的支撑。科技人才是科技生产力的第一要素,全面提升国家科技实力和水平需要造就大量科技创新人才,包括战略科技人才。高校和科研机构是创新人才的摇篮,创新人才在创新实践中继续成长,进而又推动创新实践的发展,形成科技创新人才培养与创新实践的良性互动。另一方面,需要高水平的科研物质手段。巧妇难为无米之炊,对科技生产也是一样的道理。科学和技术既相区别又紧密联系,科学发展离不开技术支撑,新技术的诞生往往依赖科学上的突破,科学技术在相互促进中不断发展。科学研究和技术研发都是围绕客观物质规律的认识和应用展开的,在科学技术活动中,人们不仅能够认识和应用自然规律,也能够生成和应用自然界原本不存在的新规律,这些新规律通过实验手段的"移植"和"放大"来实现科学向技术的转化。

(三)对外开放是中国式现代化发展的必由之路

习近平总书记指出:"要不断扩大高水平对外开放,深度参与全球产业分工和合作,用好国内国际两种资源,拓展中国式现代化的发展空间。"① 这一判断深刻揭示了对外开放是中国式现代化的根本动力,中国式现代化是坚持走和平发展道路的现代化,是推进高水平对外开放的现代化,是与整个世界互利共赢的现代化。

---

① 《正确理解和大力推进中国式现代化》,《人民日报》2023年2月8日。

现代化的实践之问：
如何统筹推进中国式现代化的"六对关系"？

动力问题是现代化发展的不竭源泉。"中国脱胎于一个半殖民地半封建社会，资本主义生产方式和社会主义生产方式发育得都很不充分。"① 因此，与西方发达国家的内生型现代化道路不同，中国式现代化道路的发展动力既不是仅靠资本主义生产方式的内部推动力，也不同于拉美、非洲、中东等广大发展中国家和地区的外生型现代化道路，不是片面依靠来自资本主义世界体系的外部拉动力。与西方国家现代化的原始积累、殖民扩张和霸权对抗不同，中国式现代化坚持胸怀天下，坚持走和平发展道路，既通过维护世界和平发展自己，又通过自身发展维护世界和平，从根本上来说是一种内外结合的现代化。习近平总书记指出，经济全球化是不可逆转的时代潮流。"坚持走开放融通、互利共赢之路，构建开放型世界经济"②，这是对经济全球化大势的深刻洞察和精准把握，也深刻指明对外开放是中国和世界经济发展的重要途径和前进方向。

中国共产党100多年的奋斗史表明，关起门来搞现代化是死路一条，跟在发达国家后面亦步亦趋也是死路一条，需要把坚持独立自主和坚持开放包容结合起来，既坚持中国共产党领导下的独立自主，推动全面深化改革，又坚持全面对外开放条件下的合作共赢、开放包容，积极推动构建以国内大循环为主体、国内国际双循环相互促进的新发展格局。习近平总书记指出："中国对外开放，不是

---

① 赵可金：《坚持自立自强与对外开放的辩证统一》，《中国党政干部论坛》2023年第4期。

② 习近平：《开放共创繁荣 创新引领未来——在博鳌亚洲论坛2018年年会开幕式上的主旨演讲》，《人民日报》2018年4月11日。

要一家唱独角戏，而是要欢迎各方共同参与；不是要谋求势力范围，而是要支持各国共同发展；不是要营造自己的后花园，而是要建设各国共享的百花园。"① 因此，新时代的中国对外开放是全面对外开放，坚持以"一带一路"建设为重点，"引进来"和"走出去"并重，遵循共商共建共享原则，加强创新能力开放合作，形成陆海内外联动、东西双向互济的开放格局。

中国的发展离不开世界，世界的发展也离不开中国，实现中国自立自强与实现全球共同发展是相互促进、辩证统一的关系。推进中国式现代化，必须统筹兼顾自立自强和对外开放，统筹国内国际两个大局，统筹发展与安全，实现中国发展与全球共同发展的有机统一，既助力实现民族复兴，又引领人类进步潮流。

---

① 习近平：《中国发展新起点　全球增长新蓝图——在二十国集团工商峰会开幕式上的主旨演讲》，《人民日报》2016年9月4日。

后 记

实现中华民族伟大复兴是近代以来中国人民的共同梦想，无数仁人志士为此苦苦求索、进行各种尝试，但都以失败告终。探索中国式现代化道路的重任，历史地落在了中国共产党身上。中国共产党一经诞生，就把为中国人民谋幸福、为中华民族谋复兴确立为自己的初心使命。中国共产党第一个百年奋斗的光辉历程表明，只有坚持中国共产党的领导，中华民族伟大复兴才可能逐步成为现实。党的二十大为我们擘画了以中国式现代化全面推进中华民族伟大复兴的光明前景，展望中国共产党第二个百年奋斗新征程，只有矢志不渝推进中国式现代化，才能实现中华民族伟大复兴。

为帮助广大干部和读者正确认识"现代化之问"，深刻理解中国式现代化对世界现代化理论和实践的重大创新意义，受国家行政学院出版社邀约，中共中央党校（国家行政学院）中国式现代化研究中心主任、马克思主义学院教授张占斌负责组织编写本书。参写作者均来自中共中央党校（国家行政学院）。毕照卿写作第一章，刘子琦写作第二章，梅沙白写作第三章，田书为写作

第四章，熊杰写作第五章。王学凯协助主编做了具体组织和统稿工作。国家行政学院出版社副总编辑刘韫劼是本书最早的策划设计者，正是她的努力和贡献，使本书得以顺利出版，在此一并表示感谢。

尽管本书在写作过程中参考了很多文献和一些学者的观点，但仍感还有很多不足之处，敬请读者朋友批评指正。我们希望继续加深对此问题的研讨，并致力于长期的关注和水平的提高。

作　者

2023年6月